## 시작하며

 여러분, 태풍이 불거나 천둥이 칠 때 "으악, 무서워!" 하며 오들오들 떨었던 적이 있나요? 이불을 푹 뒤집어쓴 채 아무 일도 없기를 남몰래 빌었던 적은요? 지구 온난화 때문에 갈수록 폭우나 태풍 같은 자연재해가 자주 생겨나고 있어요. 한국도 더 이상 지진에서 안전하다고 볼 수 없고요. 정말 언제 큰일이 생길지 모릅니다.

 하지만 걱정 말아요. 위험이 언제 닥칠지, 어디에 도사리고 있는지 알고 미리 조심해서 행동하면 위험에서 벗어날 수 있으니까요. 목숨이 위태로울

  수 있는 상황에서도 조금 다치는 정도로 끝날 수도 있고요.

  이 책을 읽으며 여러분이 안전 상식을 쌓아 나가길 바랍니다. 그러면 스스로를 지킬 수 있는 힘을 가질 수 있을 거예요. 위험에 빠졌을 때 근처에 도와줄 사람이 아무도 없을 때도 있어요. 그런 때에도 이 책 속의 알찬 지침이 스스로를 돕는 힘이 되어 줄 거예요.

일본 위기관리 교육연구소 대표<br>
구니자키 노부에

# 차례

## 1장 일상생활 서바이벌

1 학교 끝나고 집에 오는데 낯선 사람이 말을 걸었다 · 8
2 엘리베이터에 모르는 사람과 단둘이 있어서 무섭다 · 10
3 전기난로 근처에 널어놓은 빨래에 불이 붙었다 · 12
4 전자레인지에 넣은 음식이 불타고 있다 · 14
5 집에서 썩은 양파 냄새가 난다 · 16
6 입고 있는 옷에 불이 붙었다 · 18
7 옷에 실수로 뜨거운 음료를 쏟았다 · 20
8 무더운 날, 함께 놀던 친구가 아파한다 · 22
9 요리하다가 식칼에 손가락을 베었다 · 24
10 도둑맞은 내 자전거를 드디어 발견했다 · 26
11 역 승강장에서 장난치다가 선로로 떨어졌다 · 28
12 친구가 SNS에 내 사진을 마음대로 올렸다 · 30
13 게임 사이트에 접속만 했는데 가입이 되었다고 한다 · 32
14 친구들이 괴롭혀서 너무 힘들다 · 34
15 어른들이 나를 괴롭히고 힘들게 한다 · 36

**더 알아보기 ❶** · 38

## 2장 자연재해 서바이벌

16 하늘이 어두워지더니 태풍 예보가 떴다 · 40
17 화장실에서 보글보글 소리가 난다 · 42
18 자연재해로 전기가 나갔다 · 44
19 대피소에 가야 하는데 비가 많이 온다 · 46
20 산비탈에서 물이 새어 나온다 · 48
21 강물이 넘쳐서 내가 탄 자동차가 휩쓸렸다 · 50
22 친구가 "홍수가 날까 봐 걱정된다"라고 했다 · 52
23 홍수로 집 주변에 물이 차오른다 · 54
24 눈이 쌓인 길을 걸어 학교에 가야 한다 · 56
25 눈이 쌓여서 자동차가 꼼짝 못 한다 · 58
26 눈길을 가야 하는데 눈사태를 만날까 봐 걱정이다 · 60
27 길을 가다가 회오리바람을 만났다 · 62
28 놀이터에서 노는데 갑자기 천둥이 쳤다 · 64
29 집 안에 있는데 뇌우가 무섭게 퍼붓는다 · 66
30 하늘에서 얼음이 떨어진다 · 68

**더 알아보기 ❷** · 70

## 3장 야외 활동 서바이벌

31 산을 오르다가 그만 길을 잃었다 · **72**
32 산에서 곤충 채집을 하다가 곰과 마주쳤다 · **74**
33 밖에서 노는데 벌이 날아왔다 · **76**
34 등산 중에 목이 말라 개울물을 마시고 싶다 · **78**
35 펑! 화산이 분화했다 · **80**
36 산에 오르는데 눈앞이 뿌예질 만큼 안개가 꼈다 · **82**
37 강에서 놀기에 알맞은 옷을 모르겠다 · **84**
38 강에서 노는 데 갑자기 강물이 탁해졌다 · **86**
39 강에서 놀다가 친구가 물에 빠졌다 · **88**
40 바다에서 헤엄치다가 이안류에 휩쓸렸다 · **90**
41 바다에서 해파리에 쏘였다 · **92**
42 헤엄치다가 다리에 쥐가 났다 · **94**
43 개펄에서 놀다가 바위에 다리가 긁혔다 · **96**

**더 알아보기 ❸** · **98**

## 4장 지진 서바이벌

44 학교 가는 길에 지진이 일어났다 · **100**
45 욕실에서 목욕 중에 큰 지진이 일어났다 · **102**
46 바닷가에 있는데 지진이 일어났다 · **104**
47 등산하는 길에 지진이 일어났다 · **106**
48 지진이 난 뒤에 건물 안 화재경보기가 울렸다 · **108**
49 지진이 났는데 집 안에 갇혀서 나갈 수 없다 · **110**
50 더운 날, 지진이 일어나 반소매를 입고 대피소에 가고 싶다 · **112**
51 여행 중에 가족이 뿔뿔이 흩어져서 연락이 안 된다 · **114**
52 지진이 일어나 달리던 지하철이 멈춰 섰다 · **116**
53 지진 때문에 단수가 될까 봐 걱정이다 · **118**
54 물이 안 나오는데 화장실이 쓰고 싶다 · **120**
55 대피소에서 전염병에 걸릴까 봐 불안하다 · **122**
56 대피소 생활이 길어져서 짜증난다 · **124**

**더 알아보기 ❹** · **126**

# 일상생활 서바이벌

두 손으로 얼굴을 가리고 구르자!

## 낯선 사람이 말을 걸면 세 걸음 물러선다

 나쁜 사람은 어린이에게 못된 짓을 하려고 말을 걸어요. 만약 낯선 사람이 불쑥 말을 걸면 얼른 120cm 정도 물러서세요. 120cm는 어른이 두 팔을 벌린 거리와 비슷해요. 어린이 걸음으로 세 걸음쯤 되고요. 여러분이 세 발짝 떨어졌는데도 그 사람이 다가온다면, "죄송합니다." 하고 서둘러 자리를 피하세요. 혹시라도 그 사람이 몸을 만지거나, 어딘가로 데려가려고 하면 "악!" 크게 소리치며 도망가세요. 가까운 편의점이나 미용실 같은 상점으로 들어가 도와달라고 말하세요.

### 안전 상식

나쁜 사람은 '혼자 있는 어린이'를 찾아요. 공원, 놀이동산, 쇼핑센터 등의 화장실에는 반드시 어른이나 친구와 같이 가세요. 평소 골목을 피해 큰길로 다니는 것도 좋은 방법이에요.

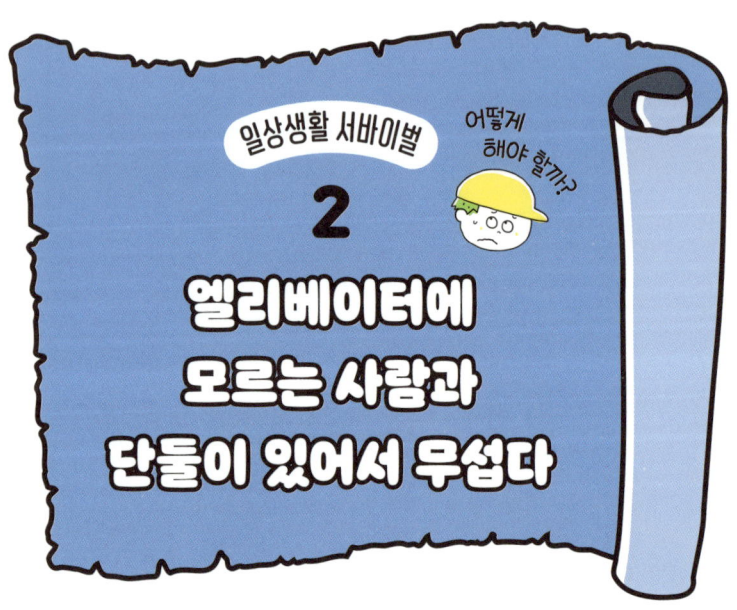

## 얼른 다음 층 버튼을 누른다

아파트나 빌딩의 엘리베이터에서도 나쁜 사람을 만날 수 있어요. 혼자 엘리베이터에 탈 때는 층 버튼 누르는 곳 가까이에 벽을 등지고 서세요. 낯선 사람이 갑자기 따라 들어와 무섭다면, 엘리베이터가 움직이기 전에 얼른 내리세요. 만약 움직인 뒤라면, 다음 층 버튼을 눌러 엘리베이터를 세우고 내리세요. 엘리베이터가 몇 층에 가는지 지켜보고, 조금 시간이 지난 뒤에 다시 타세요. 엘리베이터가 무섭다고 혼자 계단으로 올라가는 것도 위험해요. 핸드폰이 있다면 엄마나 아빠와 통화하며 계단이나 엘리베이터를 이용하세요.

### 안전 상식

비밀번호를 누르는 아파트 공동 현관문을 열 때, 모르는 사람이 따라 들어오는지 꼭 확인하세요. 모르는 사람과 단둘이 엘리베이터를 기다리게 된다면, 다시 공동 현관문 밖으로 나오는 게 안전해요.

일상생활 서바이벌

3

어떻게 해야 할까?

# 전기난로 근처에 널어놓은 빨래에 불이 붙었다

### 소화기가 있다면 불을 끄고, 없다면 대피한다

전기난로 가까이 빨래를 널어 두면 불이 나기 쉬워요. 전기난로의 전원 콘센트에 먼지가 쌓였거나 전원 플러그가 망가진 줄 모르고 쓰다가 불이 나기도 합니다. 불이 났을 때, 소화기가 곁에 있다면 침착하게 불을 끕니다. 소화기 사용법을 알아 두면 불이 났을 때 안심할 수 있어요. 다만 무리해서 끄려고 하면 안 돼요. 소화기가 없거나 사용법을 모른다면 얼른 밖으로 나가 "불이야!" 하고 소리치세요. 불은 눈 깜빡할 사이에 활활 번져요. 일단 밖으로 나갔다면 절대 돌아오면 안 돼요.

❶ 탈출구를 등진 채 소화기 손잡이를 고정하는 안전핀에 손가락을 걸어요(소화기를 바닥에 내려놓고 하면 편해요).

❷ 손가락을 건 상태로 안전핀을 쑥 뽑아요. 안전핀을 뽑는다고 소화약제가 바로 나오지는 않아요(안전핀을 뽑을 때 손잡이를 움켜쥐지 않도록 주의).

❸ 호스를 불 쪽으로 향하게 한 후 손잡이를 움켜쥐면 소화약제가 나와요. 빗자루로 쓱쓱 바닥을 쓸 듯 불이 난 곳에 소화약제를 뿌리면 더 잘 꺼져요.

화재 신고 전화번호는 119예요. 집 주소를 외우고 있으면 불이 났을 때 소방관에게 알려 주기 쉬워요. 집 주변의 눈에 띄는 건물을 익혀 두는 것도 도움이 된답니다. 직접 전화를 걸 수 없다면 밖으로 나가 큰 소리로 이웃에 알리세요.

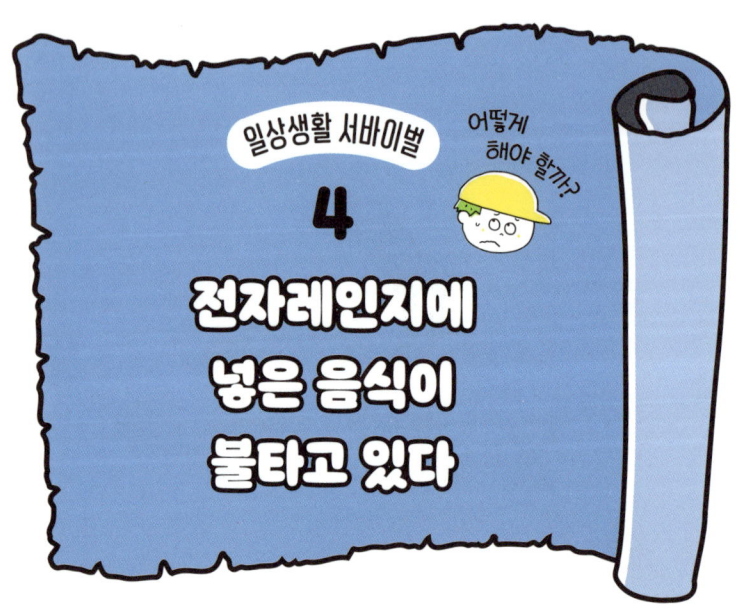

## 전자레인지 전원 플러그를 뽑는다

버튼을 누르기만 하면 음식을 데울 수 있는 전자레인지는 아주 편리하죠. 그런데 너무 뜨겁게 데우다가 음식에서 불이 나기도 해요. 그때 불을 끄겠다고 문을 열면 절대 안 돼요. 갑자기 공기가 들어가면 불꽃이 확 커질 수도 있거든요. 불은 공기에 들어 있는 산소를 만나면 힘이 세진답니다. 음식이 불에 타면 전자레인지의 전원 플러그부터 뽑고 가만히 지켜보세요. 아주 센 불이 아니라면 불은 자연히 꺼질 거예요. 무엇보다 음식의 조리 시간을 잘 지켜야겠죠? 전자레인지 주변에 타기 쉬운 물건을 두지 않는 것도 중요하고요.

감자, 고구마, 만두는 전자레인지에서 불이 잘 나는 식품입니다. 따라서 조리할 때 특히 조심해야 해요. 또 알루미늄포일이나 금속 식기는 전자레인지에 넣으면 안 돼요. 불꽃이 튀어서 불이 날 수 있거든요.

## 창문과 문을 열어 환기한다

 가정용 가스에서는 썩은 양파 냄새가 나요. 가스가 새면 쉽게 알아차릴 수 있게 그런 냄새를 넣은 거예요. 부엌 근처나 욕실에서 불쾌한 냄새가 나면 가스가 새는 것일 수 있어요. 이때는 곧바로 창문과 문을 열어 환기하세요. 전기 스위치는 절대 건드리지 말아요. 전기로 움직이는 환풍기를 켜는 것도 안 돼요. 스위치를 켜고 끌 때 불꽃이 튀어 가스 폭발을 일으킬 수 있거든요. 창문과 문을 열었다면 집 밖으로 나가세요. 가스가 완전히 빠질 때까지 기다렸다가 집에 들어가세요.

★ 도시가스는 공기보다 가벼워서 새면 천장 가까이에 모여요.
  창문을 열어야 환기가 잘돼요.
★ LP가스(프로판 가스)는 공기보다 무거워서 새면 바닥 가까이에 모여요.
  집 출입문과 바닥까지 내려오는 창문을 열면 환기가 잘돼요.

가정용 가스에는 '도시가스'와 'LP가스(프로판 가스)'가 있어요. 가스가 샜을 때 모이는 곳이 다르니, 집에서 어떤 가스를 쓰는지 알아 두면 좋아요. 평소 가스 밸브를 꼭꼭 잠그는 것도 잊지 말아요!

## 두 손으로 얼굴을 가리고 바닥에서 데굴데굴 구른다

 불꽃놀이, 바비큐 파티, 과학 실험까지! 불로 여러 가지 재미있는 활동을 할 수 있어요. 활동 중에 불을 잘못 다루면 옷에 옮겨 붙기도 해요. 이럴 때는 곧바로 수돗가로 달려가기 쉬워요. 하지만 절대 뛰면 안 돼요. 달리면 오히려 불이 더 활활 타올라요. 바람에 불이 잘 번지는 것과 비슷한 현상이죠. 옷에 붙은 불을 끄려면 그 자리에 쓰러져서 구르세요. 불꽃을 바닥에 짓누른다는 마음으로 데굴데굴! 이때 꼭 두 손으로 얼굴을 가려야 해요. 얼굴을 안 가리면 화상을 입을 수 있으니까요.

친구 옷에 불이 붙었을 때 가까운 곳에 물이 있는지 재빨리 둘러봐요. 수돗물이 없다면 꽃병의 물, 어항의 물도 괜찮아요. 우유, 차 같은 음료도 불을 끄는 데 도움이 돼요.

## 얼른 찬물을 뿌려 식힌다

뜨끈뜨끈한 음료를 옷에 쏟았을 때 허둥지둥 벗으면 안 돼요! 화상을 입은 피부가 옷에 쓸려 벗겨질 수도 있거든요. 우리 피부는 70℃ 물에 1초만 닿아도 화상을 입는다고 해요. 그래서 뜨거운 물이나 음료는 흘리지 않게 조심해서 마셔야 해요. 옷에 쏟아 피부에 닿았을 때는 차가운 물로 식히는 게 올바른 응급 처치랍니다. 샤워기로 옷 위에 물을 뿌려만 주면 돼요. 15분에서 30분쯤 뿌려 주면 좋아요. 샤워기가 없다면 병이나 그릇을 이용해 여러 차례 뿌려 주세요. 나중에 피부가 하얘지거나 물집이 생기면 바로 병원에 가야 해요.

옷 벗기
NO!

샤워기로 옷 위에
찬물 뿌리기
OK!

일회용 손난로나 찜질 주머니를 피부에 직접 대고 쓰면 위험해요. 피부는 40~50°C의 낮은 온도에서도 오랫동안 닿으면 화상을 입어요. 이를 '저온 화상'이라고 한답니다.

일상생활 서바이벌

8

무더운 날, 함께 놀던 친구가 아파한다

## 시원한 곳에 누워 쉬게 한다

 무더운 날, 토할 것 같거나 어지러웠던 적 있나요? 손발이 떨린 적은요? 이런 증상은 열사병 신호예요. 열사병은 체온 조절이 안 되어 몸에 열이 잔뜩 고이는 병입니다. 땀은 안 나고 뜨겁기만 하죠. 신호가 올 때 가만 두면 의식을 잃고 쓰러질 수 있어요. 자칫 목숨을 잃을 수도 있고요. 친구에게 열사병 증상이 나타나면 곧바로 시원한 곳에 데려가 눕히세요. 몸에 물을 뿌리거나 젖은 수건으로 감싸서 체온을 내려 주세요. 의식이 또렷하면 물이나 이온음료를 마시게 하고요. 이름을 불러도 반응이 없는 상태라면 얼른 구급차(119번)를 부릅니다.

몸이 더위에 익숙하지 않으면 열사병에 걸리기 쉬워요. 5월부터 40℃ 정도의 물로 15분쯤 목욕하는 습관을 들이면 좋아요. 더위에 익숙해져서 열사병을 예방할 수 있거든요. 기온이나 습도가 높은 날에는 틈틈이 물을 마셔야 열사병에 안 걸려요.

## 수돗물로 상처를 씻고 베인 곳을 누른다

상처를 치료할 때는 청결이 제일 중요해요. 이때 소독약은 바르지 않습니다. 피부를 낫게 하려는 세포의 작용을 소독약이 방해하기 때문이에요. 소독약은 상처 부위가 더러울 때만 바릅니다. 칼에 베인 상처는 수돗물로 씻는 것으로 충분해요. 생리식염수로 씻는 것도 괜찮고요. 상처를 씻은 다음 깨끗한 거즈나 손수건을 대고 꾹 눌러 주세요. 두 팔을 들어 다친 곳을 심장보다 높게 하면, 출혈이 줄어들어요. 10분에서 15분쯤 눌러도 피가 멎지 않으면 병원에 가야 해요.

## 안전 상식

발목이나 손목을 삐었을 때는 차갑게 해 주는 게 최고의 응급 처치입니다. 얼음을 넣은 봉지나 아이스팩으로 찜질을 하면 아픔도 줄어들어요. 다만 너무 오래 찜질을 하면 동상에 걸릴 수 있으니 주의하세요.

## 직접 가져오지 말고 경찰을 부른다

도둑맞은 자전거를 직접 가져와도 될까요? 답은 '안 돼요!'입니다. 우선 자전거 도둑이 자기 자전거라고 우기면 싸움이 벌어질 수 있어요. 또 발견한 곳에 마음대로 들어가면 범죄가 될 수 있고요. 내 힘으로 찾으려다 문제만 더 커지는 거죠. 이런 문제가 생기지 않도록 법은 도둑에게 훔친 물건을 잠깐 가지고 있을 수 있는 권리(점유권)를 주었어요. 하지만 걱정 말아요. 법은 주인이 자기 물건을 되찾을 수 있는 권리(소유권)도 주었으니까요. 잃어버린 자전거를 발견하면 바로 112(경찰 긴급 전화)에 신고하세요. 경찰관이 달려와 도와줄 거예요.

여러분은 학교에서 정해 준 자신만의 번호가 있지요? 자전거도 저마다 고유의 번호가 있어요. 이를 '자전거 차대번호'라고 합니다. 자전거 차대번호는 '자전거 등록제'에도 쓰인답니다. 나라에서 자전거에 고유 번호판을 달아 주는 제도로서 도난 방지에 도움이 돼요. 하지만 시행하는 지역이 아직 적으니, 사는 곳의 경찰서나 구청에 물어보세요.

## 승강장 밑으로 들어가 엎드린다

   선로로 떨어지면 큰 소리로 도움을 구하고 승강장 밑 벽면의 여유 공간에 들어가 엎드리세요. 그곳은 깊이가 90cm여서 열차가 지나가도 안전해요. 두 귀를 막은 채 "살려주세요!" 크게 외치고 구조대를 기다리세요. 절대 혼자 올라가려고 하면 안 돼요. 바닥에서 승강장까지 높이는 130cm 이상이라 어른도 혼자 올라가기 어려워요. 또 구조대가 아닌 사람이 혼자 끌어올려 주려고 하면 거절하세요. 그 사람도 선로로 떨어질 수 있거든요. 반대편 선로로 피하는 것도 금지! 반대편에서 달려오는 열차에 부딪힐 위험이 있으니까요.

승강장에서는 책이나 스마트폰을 보며 걸으면 절대 안 돼요. 선로에 떨어지면 크게 다칠 수 있습니다. 선로에 물건을 떨어뜨렸을 때도 선로로 내려가지 말아요. 역무원에게 알리면 도움을 받을 수 있어요.

## 초상권을 설명하고 지우라고 부탁한다

 '초상권'이라는 권리가 있어요. 내 모습을 남이 멋대로 촬영하거나 세상에 공개하는 것을 막는 권리입니다. 초상권은 법으로 정해진 권리이며, 누구에게나 있어요. 연예인이나 유명인에게만 있는 게 아니에요. 친구가 허락 없이 *SNS에 내 사진을 올렸다면 법을 어긴 것입니다. 내 초상권을 침해한 것이죠. 이를 친절하게 설명하고 사진을 지우라고 부탁하세요. 친구가 부탁을 들어주지 않는다면 부모님이나 선생님에게 말씀드리세요. 좋은 해결책을 찾아 줄 테니까요.

★ 카카오톡, 틱톡, 인스타그램, 트위터 등의 인터넷 서비스

### SNS의 기본 규칙

① 하루 이용 시간을 딱 정한다.

② 집에서 스마트폰을 쓰지 않는 날을 정한다.

③ 나와 다른 사람의 개인 정보를 올리지 않는다.

④ 글을 보내기 전에 다른 사람의 기분을 헤아리며 다시 읽는다.

우리 모두 SNS를 즐겁게 하려면 나부터 규칙을 지켜야 해요. 개인 정보 안 올리기, 험담 안 하기 등 '우리 집 SNS 규칙'을 가족과 함께 정해 보세요.

## 게임 사이트에서 바로 나온다

 '원클릭 사기'라는 것이 있어요. 웹사이트 주소를 '한 번 눌렀는데(원클릭)' 요금을 내라고 하는 인터넷 사기예요. 무심코 게임 사이트에 접속했다가 가입비를 내라는 메시지가 뜨면 당황하지 말아요. 바로 게임 사이트에서 나오면 그만입니다. '피싱 사기'도 조심해야 해요. 피싱 사기란 가짜 웹사이트로 데려가 주소, 전화번호 같은 개인 정보를 입력하게 만들어 훔치는 인터넷 사기랍니다. '피싱'은 '낚시'란 뜻이에요. 사기꾼들의 '낚시(피싱)'에 안 걸리는 방법은 모르는 사람에게서 온 메시지를 그대로 휴지통으로 보내는 거예요.

안전 상식

인터넷에는 거짓 정보도 많아요. 조회 수를 높이거나 관심을 받으려고 거짓 정보를 올리는 사람들이 적지 않거든요. 인터넷의 정보가 진짜인지 가짜인지 헷갈리면 어른의 도움을 받으세요. 판단이 서기 전에 퍼뜨리는 건 바람직하지 않아요.

## 어른과 상담한다

친구는 장난일지라도 여러분이 싫다면 그건 괴롭힘이에요. 학교 폭력이죠. 이 세상에 괴롭혀도 되는 사람은 단 한 명도 없습니다. 괴롭힘을 당해도 되는 사람도 물론 없고요. 괴롭힘을 당할 때 '내가 뭘 잘못했을까?'라고 생각할 수도 있어요. 하지만 여러분에게 원인이 있지 않아요. 내 탓이라 여기며 움츠러들지 말고 고민을 나눌 어른을 찾아보세요. 부모, 선생님, 경찰관, 변호사, 상담사 등 여러분을 도와줄 사람은 가까이 있어요. 속마음을 털어놓고 상담을 하면 반드시 해결책을 찾을 수 있을 거예요.

## 전화 상담

# 117

학교폭력신고센터 (통화료 무료)
홈페이지 (www.safe182.go.kr)에서 인터넷 상담도 가능

괴롭힘, 따돌림 등의 학교 폭력으로 너무너무 힘들다면 억지로 학교에 안 가도 괜찮아요. 어른들에게 쉬고 싶다고 솔직하게 말하세요. 재미있는 책을 읽거나 공원에서 바람을 쐬면 조금 기운이 날 거예요.

## 112나 129에 전화한다

학대는 ①때리거나 몸을 마구 흔드는 '신체적 학대' ②욕설, 무시, 막말 등으로 상처를 주는 '정신적 학대' ③집에 혼자 두거나 먹을 것을 주지 않는 '방임' ④부끄러움이나 불쾌감이 들도록 몸을 만지는 '성적 학대'까지 모두 네 가지로 나뉩니다. 어른들이 이 네 가지에 속하는 행동을 한다면 여러분은 아동 학대를 당하고 있는 거예요. 이럴 때는 주변에 꼭 알려야 해요. 어른들이 무서워서 꾹 참고 지내면 학대가 더 심해질 수 있거든요. 112나 129에 전화하면 도움을 받을 수 있어요.

아동 학대 신고는 112. 경찰 긴급 전화로 아동 학대 신고를 할 수 있어요. 전화를 받은 경찰관이 친절하게 도와줄 거예요.
아동 학대 상담은 129. 보건복지부 상담센터 전화예요. 학대받은 어린이와 상담을 하고 알맞은 서비스를 제공해요.
아동 학대 신고를 할 때, 상담을 신청할 때 모두 내 이름을 말하지 않아도 돼요.

# 공중전화로 긴급 전화를 걸려면 어떻게 할까?

① 수화기를 들고 긴급 전화 버튼을 누른다.

② '뚜' 소리가 들리면 번호를 누른다.

공중전화에는 긴급 전화 버튼이 있어요. 수화기를 든 다음 긴급 전화 버튼을 누르면 '뚜' 하는 발신음이 들립니다. 이 소리가 들리면 걸고 싶은 번호를 누르세요. 112, 129 등의 긴급 전화는 동전이나 공중전화카드가 없어도 됩니다.

**알아 두면 쓸모 있는 긴급 전화**
- 110 : 로드킬(동물이 도로에서 차에 치여 죽는 것) 동물 신고
- 112 : 경찰(범죄 신고, 아동 학대 신고)
- 119 : 소방(화재, 수재 등 재난 신고, 구조대 및 구급대 요청)
- 123 : 전기 고장 신고
- 129 : 보건복지부 상담센터(아동 및 노인 학대 상담, 정신건강 상담, 복지 지원 상담)
- 1399 : 부정·불량 식품 신고

# 자연재해 서바이벌

## 폭풍, 폭우, 정전과 단수에 대비한다

태풍 예보가 뜨면 제일 먼저 폭풍에 대비합니다. 바람에 날릴 만한 물건은 집 안에 들여놓으세요. 둘째, 폭우 대책입니다. 물이 새는 곳을 고치고, 배수로를 청소하세요. *홍수위험지도도 확인합니다. 우리 집이 침수 위험 지역이라면 마실 물, 상비약, 비상식량을 챙겨 두세요. 정전에 대비해 손전등, 라디오, 건전지를 확인하고, 단수에 대비해 욕조에 물을 받아 둡니다. 태풍에 대한 대비는 보통 72시간 전(3일 전)부터 시작해요. 아직 태풍의 힘이 강해지기 전에 준비하는 것이죠. 틈틈이 일기예보를 보면서 차근차근 준비하세요.

★ 홍수에 침수할 가능성이 있는 지역과 침수 깊이를 표시한 지도

## 태풍이 다가올 때 할 일

**72시간 전 (3일 전)**
- 집이 태풍이 지나가는 길에 있는지 일기 예보로 확인한다.
- 바람에 날아갈 수 있는 물건(자전거, 화분 등)을 실내로 들여온다. 들여놓기 어렵다면 끈으로 건물에 묶어 둔다.

**48시간 전 (2일 전)**
- 일기 예보를 계속 확인한다.
- 홍수위험지도 정보시스템(floodmap.go.kr)에서 홍수위험지도를 확인한다. 집이 침수 위험 지역이라면 비상용 물품 가방을 준비한다.
- 손전등, 라디오, 건전지의 상태를 확인한다.
- 마실 물, 상비약, 비상식량을 챙긴다.

**24시간 전 (1일 전)**
- 일기 예보를 자주 확인한다. 태풍이 동네를 지나갈 예정이라면, 가족과 대피 장소, 대피할 때 옷차림, 비상용 물품 등에 대해 의논한다.

**6시간 전**
- 일기 예보를 비롯해 사는 지역의 정보도 확인하면서 대피해야 하는지 판단한다.
- 스마트폰을 충전한다(스마트폰은 손전등과 라디오로도 사용 가능).
- 욕조에 물을 받는다.
- 물건이 날아와 창문을 깰지 모르니, 덧문을 잠그고 커튼을 친다(창문에 테이프나 택배 상자를 붙여도 좋음).

**태풍 상륙**

태풍의 속도(풍속)는 1초에 17.2m 이상을 움직일 만큼 빨라요. 태풍은 북태평양 서남부에서 1년에 80~100개씩 생겨나요. 우리나라에 1년 동안 불어오는 태풍은 약 3개입니다.

## 물주머니로 배수구를 막는다

땅 위에 내린 빗물은 땅속 하수도관으로 흘러가요. 집집마다 있는 화장실 배수관은 땅속 하수도관과 연결되어 있어요. 그런데 빗물이 엄청나게 흘러들면 하수도관 수위가 높아져 집 배수관으로 역류할 수 있습니다. 한마디로 물이 넘치는 거죠. 화장실의 변기, 세탁기, 세면대 등의 배수구에서 '보글보글' 소리가 나고 평소보다 물이 잘 안 빠지면 위험 신호예요. 이럴 때는 물주머니로 배수구를 막으면 역류를 예방할 수 있어요. 태풍이나 호우일 때 목욕과 빨래를 자제하는 것도 똑똑한 예방법이에요.

• 물주머니 만드는 법 •

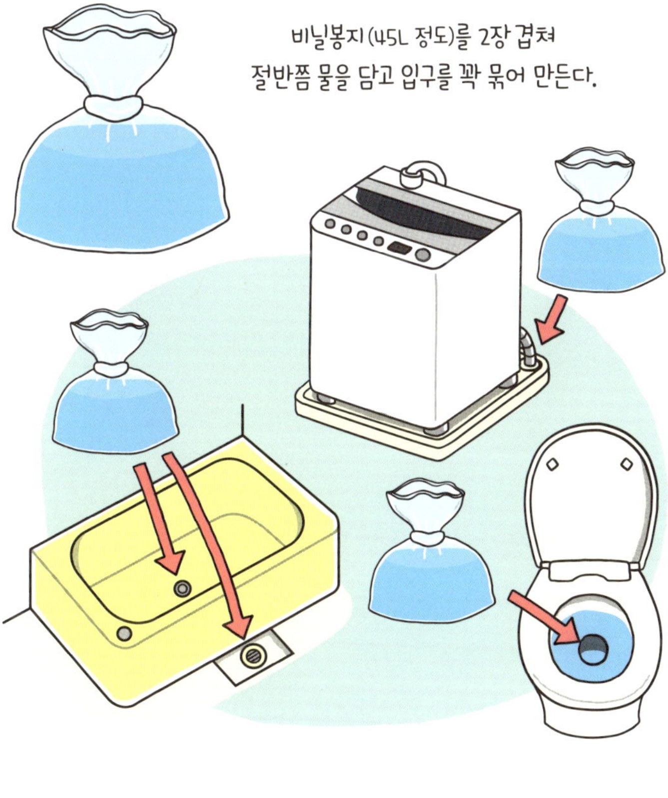

비닐봉지(45L 정도)를 2장 겹쳐
절반쯤 물을 담고 입구를 꽉 묶어 만든다.

빗물은 집 주변의 빗물받이나 도랑을 통해 하수도관으로 흘러들어 가요. 그곳에 쓰레기가 쌓여 있거나 물건이 놓여 있으면 빗물이 잘 내려가지 않아 역류 위험이 커집니다.

## 불이 날 위험이 없는 비상 램프를 만든다

 태풍으로 전선이 끊어지거나 전봇대가 넘어지면 정전이 발생합니다. 지진, 홍수, 산사태 같은 재해도 정전을 일으킬 수 있어요. 밤에 전기가 나가면 아무것도 안 보여요. 집 안을 환하게 밝힐 조명이 필요하죠. 이때 촛불처럼 진짜 불을 쓰는 조명은 안 쓰는 게 좋아요. 특히 지진이 일어났을 때는 꼭 피해야 해요. 여진으로 촛불이 넘어지면 불이 날 수 있거든요. 정전에 대비해서 평소 건전지나 충전식 조명을 준비해 두면 좋아요. 스마트폰이나 태블릿 화면도 조명으로 쓸 수 있어요. 또 비상 램프를 만드는 것도 슬기로운 해결책입니다.

### 페트병

손전등을 세우고 그 위에 물을 담은 페트병을 얹는다.

### 비닐봉지

손전등을 세우고 그 위에 하얀 비닐봉지를 씌운다.

 **안전 상식**

손전등 위에 물을 담은 페트병을 올려놓기만 해도 주변을 밝히는 램프로 변신해요. 하얀 비닐봉지를 손전등에 씌워도 빛이 사방에 은은하게 퍼져요.

## 장화 대신 운동화를 신고 간다

 태풍이 불어와서 대피할 때 옷차림의 기본은 5가지입니다. 모자(혹은 헬멧), 우비(비옷, 우산 등), 장갑, 가방, 운동화. 장화는 안에 물이 차면 걷기 힘들어져요. 가방에는 갈아입을 옷과 비상용 물품을 넣습니다. 가방이 비에 젖을까 봐 걱정되면 비닐이나 방수 커버를 씌우세요. 대피소에 갈 때 물가, 수로 옆, 지하도 등은 피해야 해요. 빗물이 넘쳐 위험에 빠질 수 있으니까요. 물이 무릎 아래까지 차오른 도로도 위험해요. 맨홀이나 도랑 덮개가 열려 있을 가능성이 있는데, 못 보고 빠질 수 있으니까요.

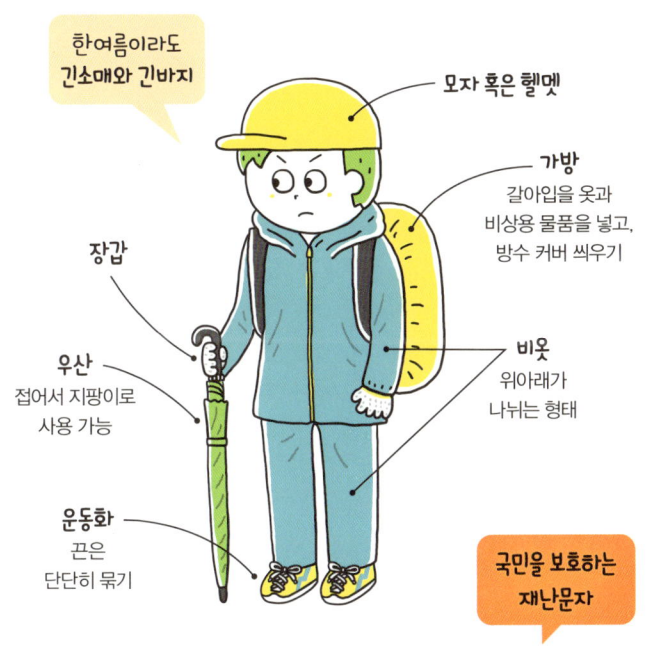

| 1단계 태풍주의보 | 2단계 태풍경보 |
| --- | --- |
| **행동 요령** (행정안전부) | **행동 요령** (행정안전부) |
| 하천, 해안가, 급경사지 등 위험 지역에 가지 않기. 야외 활동 시에는 안전에 주의 | 위험 지역에 가지 않고 실내에 머무르기. 대피 권고를 받으면 즉시 대피하기 |

침수된 길을 걸을 때는 우산을 지팡이 삼아 쿡쿡 찌르며 앞을 확인하세요. 물살이 세면 무리하지 말고 근처의 높은 건물로 대피합니다. 핸드폰이 있다면 재난문자도 틈틈이 확인하세요.

## 토사 재해 신호이므로 당장 멀어진다

태풍, 폭우, 지진 등으로 산사태나 토양 침식이 일어날 수 있어요. 산사태는 산의 흙이나 바윗돌이 갑자기 무너져 내리는 사고예요. 토양 침식은 흙이 빗물에 계속 씻겨 내려가 땅의 본래 모습을 잃어버리는 현상이고요. 산사태나 토양 침식 같은 재해를 '토사 재해'라고 한답니다. 토사 재해에는 몇 가지 징조가 있어요. 산비탈에서 물이 새어 나오는 것도 그중 하나죠. 흙냄새가 진해지는 것, 산에서 자갈이 떨어지는 것, 가까운 강이나 샘물이 탁해지는 것도 위험 징조입니다. 징조를 발견하면 곧바로 그 자리를 뜨고 어른에게 알리세요.

국민재난안전포털(www.safekorea.go.kr)에서는 '재해 위험지구'를 안내하고 있어요. 침수, 붕괴 같은 피해가 자주 발생하는 지역을 알려 주지요. 또 재해 때 행동 요령도 알려 준답니다.

## 비상 망치로 옆이나 뒤의 유리를 깬다

 자동차가 물에 휩쓸려도 당장 안으로 물이 들어오진 않아요. 침착하게 문을 열어 보고, 열리면 곧바로 탈출합니다. 문이 안 열릴 때는 창문이 탈출구예요. 만약 창문이 안 열린다면 비상 망치로 깨고 나갑니다. 다만 앞 유리는 비상 망치로 쳐도 잘 안 깨져요. 옆이나 뒤의 유리가 깨기 쉽답니다. 또 유리의 한가운데보다는 가장자리를 쳐야 더 잘 깨진다는 사실을 기억하세요. 지금 자동차 안에 있나요? 그렇다면 비상 망치가 있는지 확인하세요. 혹시 없다면 부모님에게 비상 망치가 필요하다고 말하세요.

비상 망치가 없다면 자동차 안에 물이 들어오기를 기다려요. 물이 차올라 겁이 나겠지만 용기를 내야 해요. 차 안과 밖의 물 높이가 비슷해졌을 때가 기회! 이때는 수압 차이가 줄어들기 때문에 문이 잘 열립니다.

## 기상청 날씨누리에서 상황을 파악한다

집중 호우로 엄청난 양의 빗물이 강으로 흘러들면, 강물 수위가 높아져요. 수위가 자꾸 높아지면 홍수가 날 수 있어서 강변에 사는 사람들은 불안해집니다. 이때 강물이 얼마나 불어났는지 몸소 확인하고 싶은 마음이 들 수 있어요. 그러나 절대 강물 가까이 가서는 안 됩니다. 실제로 강에 갔다가 물에 휩쓸려 목숨을 잃은 사람도 있거든요. 보고 싶어도 꾹 참고 안전하게 실내에 머무르세요. 실내에서도 강물의 상황을 파악할 수 있는 방법이 있답니다. 바로 컴퓨터, 태블릿, 스마트폰 등으로 기상청 날씨누리에 접속하는 거예요.

기상청 날씨누리(www.weather.go.kr)에서는 사는 곳의 지명을 입력하면 실시간으로 날씨를 확인할 수 있어요.

기상청은 날씨를 알려 주는 정부 기관이에요. 기상청 날씨누리 외에 '기상상담전화 131'도 운영하며 국민이 날씨로 인한 피해를 입지 않게 돕고 있어요. 131로 전화하면 날씨 상담을 받을 수 있답니다.

## 무리해서 집 밖에 나가지 말고 높은 곳으로 피한다

 집 주변의 도로까지 물에 잠겼을 때 무리해서 대피소에 가면 안 돼요. 물 높이가 이미 0.5m를 넘었다면, 수압 때문에 바깥 출입문이 열리지 않을 거예요. 이럴 때는 집 밖에 나가지 말고 조금이라도 높은 곳으로 대피하는 게 안전해요. 이 대피 방법을 '수직 대피'라고 불러요. 빌라나 아파트 1층에 산다면 계단을 올라 위층 복도로 대피하세요. 단층집이라면 지붕이나 옥상으로 이동해야 합니다. 다만 수직 대피는 마지막 방법으로 써야 해요. 집 주변이 물에 잠길 낌새가 보이면 바로 119에 신고하는 게 좋습니다.

| 침수 높이 | 5~10m 미만 |
3층 바닥 위 침수 ~
4층 바닥 아래 침수

| 침수 높이 | 3~5m 미만 |
2층 바닥 위 침수 ~
3층 바닥 아래 침수

| 침수 높이 | 0.5~3m 미만 |
1층 바닥 위 침수

| 침수 높이 | 0.5m 미만 |
1층 바닥 아래 침수

"우리 집에 와."

"고마워. 바로 갈게."

**안전 상식**

홍수위험지도 정보시스템에서 '도시침수지도'를 확인하는 것은 슬기로운 예방 대책입니다. 사는 곳의 지명을 입력하면 홍수가 날 때 얼마나 침수되는지 알 수 있어요. 0.5m 이상 침수될 위험이 있는 지역이라면 평소 대비를 해 두는 게 좋아요.

## 뒤뚱뒤뚱 '펭귄 걸음'을 걷는다

 눈길에서는 뛰지 않는 게 기본이에요. 꽁꽁 얼어붙은 길, 살얼음이 깔린 길도 마찬가지고요. 또 춥다고 주머니에 손을 넣고 걸으면 넘어지기 쉬워요. 어쩔 수 없이 눈길이나 빙판길을 걸어가야 한다면 '펭귄 걸음'이 안전해요. 보폭을 좁히고 펭귄처럼 뒤뚱뒤뚱 걷는 거죠. 몸을 앞으로 살짝 굽히고 신발 바닥 전체를 최대한 길에 닿게 합니다. 처음엔 어색하고 힘들겠지만 곧 익숙해질 거예요. 물론 익숙해졌다고 해서 속도를 내는 건 금물! 한편 미끄러져서 넘어질 때를 대비해 장갑을 끼고 모자를 쓰면 더욱 안전해요.

## • 눈이 올 때 미끄러지기 쉬운 곳 •

**횡단보도 하얀 선 위**
얼음막이 얇게 깔린다.

**주차장 출입구**
자동차 타이어에 얼음이 밟혀
미끄러워진다.

**높은 빌딩의 응달**
햇빛이 닿지 않아
눈이나 얼음이 녹지 않고 남는다.

**버스 정류장과 택시 승강장**
사람 발에 밟혀서 눈이 단단해진다.
인도와 차도의 높낮이 차이도 주의!

**언덕길**
올라갈 때보다
내려갈 때가 더 위험!

**맨홀 뚜껑**
맨홀 뚜껑엔 살얼음이 잘 껴서
미끄럽다.

눈길을 걸을 때는 발밑뿐 아니라 건물 밑도 주의해야 합니다. 처마, 간판, 보일러 연통 등에 매달려 있던 고드름이 떨어질 수 있어요.

## 자동차 소음기 주변의 눈을 치운다

 눈에 갇혀서 자동차 안에 한동안 머물러야 할 때 행동 요령이 있습니다. 먼저 자동차 소음기 주변의 눈부터 치웁니다. 자동차 소음기로 나오는 배기가스가 눈에 막혀 안으로 들어올 수 있기 때문이에요. 배기가스에는 우리 몸에 해로운 일산화탄소가 들어 있답니다. 일산화탄소가 몸속에 많이 들어오면 산소가 부족해져서 자칫 사망할 수도 있어요. 따라서 가능하면 엔진을 끄고 있는 게 좋습니다. 엔진을 켜야 할 상황이라면 1시간에 1번 이상 창문을 열어 환기하세요. 소음기 주변의 눈도 자주 치우고요.

## 안전 상식

겨울에는 추위에 대비해 자동차 안에 방한 도구를 넣어 두는 게 좋아요. 담요, 일회용 손난로, 방수 장갑, 방한복, 눈삽, 비상식량과 물까지! 일회용 화장실도 있으면 더욱 안심이죠.

### 나무가 적고 기울기가 30° 이상인 곳은 피한다

눈사태는 많이 쌓인 눈이 한꺼번에 와르르 무너져 내리는 재난이에요. 속도가 아주 빨라서 도망치기 쉽지 않죠. 눈사태는 나무가 적고 기울기가 30~45°인 산비탈에서 잘 일어나요. 이 기울기는 스키 상급자 코스의 기울기와 비슷해요. 조릿대처럼 야트막한 식물이 자라는 산비탈도 눈사태가 일어나기 쉬운 곳입니다. 눈길을 가야만 하는 상황이라면 이런 곳은 피해 돌아가세요. 애초 눈이 쌓인 설산 부근에 접근하지 않는다면 더 좋고요. 겨울에 설산에 놀러갈 때는 기상청 날씨누리에서 '산악날씨'를 꼭 확인하세요.

• 눈사태의 징조 •

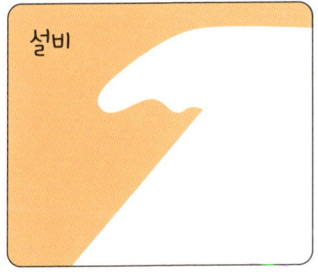

눈이 쌓여 처마처럼 툭 튀어나온 설비는 쉽게 무너집니다.

물에 불은 손가락 같은 주름이 생겼다면, 눈이 약해졌다는 신호입니다.

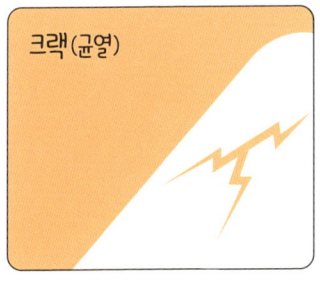

눈이 마치 찢어진 상처처럼 벌어졌다가 무너집니다.

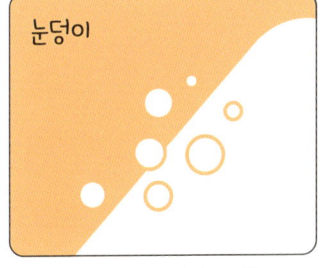

작은 공 같은 눈덩이가 데굴데굴 굴러내려 오면 눈사태 위험이 있습니다.

눈사태를 만나면 무너져 내리는 눈의 직각 방향으로 도망칩니다. 즉 '옆'으로 피하는 게 가장 안전해요. 만약 눈에 휩쓸린다면, 두 팔로 얼굴부터 감싸 숨 쉴 공간을 만듭니다. 눈사태가 지나갈 때까지 그 자세로 있다가 큰 소리로 도와달라고 외칩니다.

자연재해 서바이벌 27
어떻게 해야 할까?

# 길을 가다가 회오리바람을 만났다

## 튼튼한 건물 안에 들어간다

땅의 바람과 하늘의 바람이 서로 다른 방향으로 불 때 두 바람이 엇갈리면서 *적란운이 생겨요. 또 적란운 밑에서는 바람이 소용돌이치며 위로 솟구치는데, 이것이 회오리바람이에요. 여름부터 가을까지 주로 나타나는 회오리바람의 지름은 수십에서 수백 m입니다. 회오리바람이 불어오면 튼튼한 건물 지하나 1층으로 대피하세요. 유리가 깨질 수 있으니 창문에서는 멀리 떨어집니다. 가까운 곳에 건물이 없다면, 도랑 같은 움푹한 곳에 쪼그려 앉아 머리를 감싸야 해요.

★ 위쪽이 뭉게뭉게 솟구친 구름. 비와 벼락을 일으켜요.

• 회오리바람으로부터 안전한 곳은 어디? •

회오리바람이 일어나기 직전에는 하늘이 구름에 뒤덮여 어두컴컴해져요. 밖에서 놀다가 갑자기 하늘이 어두워지면 얼른 집으로 돌아가야 해요. 기상청 날씨누리에서 실시간 날씨 정보를 참고하고요.

자연재해 서바이벌
28
놀이터에서 노는데 갑자기 천둥이 쳤다

### 얼른 건물 안으로 대피한다

우르릉 쾅쾅 천둥소리가 들리는데, 계속 놀면 안 돼요. '비가 안 오니까 괜찮겠지?'라는 생각은 정말 위험한 생각이에요. 천둥이 친 곳에는 언제든지 벼락이 떨어질 수 있거든요. 벼락은 생명을 앗아갈 수도 있으므로 얼른 놀이터를 벗어나야 해요. 이때 건물 안이 안전합니다. 나무 아래나 건물의 처마 밑은 위험해요. 벼락은 뾰족 솟은 물체나 높은 곳에 먼저 떨어지기 때문입니다. 그래서 비가 와도 우산을 쓰지 말고 피해야 해요. 야구방망이나 낚싯대 같은 물건에도 벼락이 떨어질 수 있으니, 꼭 내려놓고 대피하세요.

• 천둥이 쳤을 때 앉아서 피하는 방법 •

① 머리를 최대한 낮추고 쪼그려 앉는다.
② 두 손으로 귀를 막는다.
③ 양쪽 발꿈치를 맞댄다.
④ 발가락으로 선다.

자동차, 버스, 열차 같은 이동 수단도 안전한 곳입니다. 주변에 대피할 건물이나 이동 수단이 없다면 쪼그려 앉아 스스로를 지킵니다.

앉아서 피할 때는 나무나 전봇대 같은 높이 솟은 물체에서 4m 이상 떨어지는 게 안전해요. 갑자기 하기에는 어려운 동작이니 평소 연습을 해서 익혀 둡니다.

자연재해 서바이벌

29

집 안에 있는데 뇌우가 무섭게 퍼붓는다

### 전자제품과 전원 플러그에서 멀어진다

뇌우란 천둥, 번개와 함께 내리는 비예요. 뇌우가 심하면 무서울 수 있겠지만 집 안이라면 안전하니 안심하세요. 머리 위로 바로 벼락이 치진 않을 테니까요. 물론 집 외부로 벼락이 떨어질 수는 있어요. 이때는 모든 전자제품과 전원 플러그에서 멀어져야 합니다. 벼락의 전기가 전자제품 전원 플러그를 거쳐 실내로 들어와 감전 사고를 일으킬 수 있거든요. 목욕을 하고 싶어도 참으세요. 금속 수도관이나 물줄기를 타고 벼락의 전기가 침입할 수도 있으니까요. 정전에 대비해 손전등이나 핸드폰을 곁에 두고 방 한가운데에 있는 게 좋아요.

• 뇌우가 퍼붓는 동안, 하지 말아야 할 일 •

전자제품과 전원 플러그에 다가간다 (1m 이내).

벽이나 창문에 다가간다 (1m 이내).

목욕한다.

수도꼭지를 만진다.

벼락의 전기가 전원 플러그를 통해 들어오면 전자제품이 망가질 수 있어요. 쓰지 않을 때는 전원 플러그를 빼 두세요. 또 벼락에서 지켜 주는 안전장치가 달린 전원 멀티탭을 사용하면 좋습니다.

## 그 얼음은 우박이니까 건물 안으로 피한다

하늘에서 떨어지는 지름 5mm 이상의 얼음덩어리를 우박이라고 해요. 공중의 물방울들이 갑자기 찬 기운을 만나 얼면 우박이 된답니다. 주로 적란운에서 생겨나죠. 우박은 5~7월, 또 10월에 자주 발생하는데, 비나 눈과 달리 매우 좁은 범위에만 내려요. 보통은 쌀알 크기이지만 때때로 당구공만큼 커지기도 합니다. 작은 크기의 우박이라도 맞으면 위험해요. 우산을 써도 안심할 수 없고요. 우박이 떨어지면 얼른 건물 안이나 지붕이 있는 곳으로 대피합니다. 우박에 맞은 유리가 깨질 수 있으니, 창문에서는 멀리 떨어지세요.

• 우박과 싸라기의 차이 •

**우박**
지름 5mm 이상의 얼음덩어리

**싸라기**
지름 5mm 미만의 얼음덩어리

• 우박이 크면, 피해도 크다 •

우박은 대체로 지름 5~10mm 크기인데, 여러 기상 조건이 겹치면 더 커져요.

큰 우박은 자동차 유리나 건물 함석지붕을 뚫기도 해요.

오래 내리지 않고 금방 그치는 것도 우박의 특징입니다. 근처에 건물이나 지붕이 없다면 나무 아래도 괜찮아요. 아무 데도 피할 곳이 없다면 가방이나 겉옷으로 머리를 가리고 그칠 때까지 기다려요.

**더 알아보기 ②**

# 홍수위험지도는 왜 만들까?

홍수위험지도는 최악의 홍수가 일어난다는 조건 아래, 하천 주변 지역의 침수 범위, 침수 깊이를 나타낸 지도예요. 지구 온난화 현상, 엘니뇨 현상 등 이상 기후 때문에 게릴라성 집중호우가 빈번하게 발생하자, 사람들의 생명과 재산을 지키려고 만들었어요. 수해를 방지하고 대책을 마련하기 위한 기초 자료로도 쓰이지요.

홍수위험지도의 한 갈래인 하천범람지도는 하천의 물이 급격히 불어나 생길 수 있는 침수 예상 지역을 표시한 지도이며, 또 다른 갈래인 도시침수지도는 빗물펌프장, 빗물 저류조에서 발생할 수 있는 침수 범위와 침수 높이 등을 표시한 지도랍니다.

# 야외 활동 서바이벌

## 무리해서 움직이지 말고 구조를 기다린다

 산에서 길을 잃어도 겁먹을 것 없어요. 허둥거리지도 말아요. 어른이 반드시 구하러 올 테니까요. 어느 쪽에서 걸어왔는지 안다면 등산길이 나타날 때까지만 돌아가요. 그곳에 도착하면 더 걷지 말고 쉬면서 구조를 기다려요. 해가 저물기 시작한 때라면 더더욱 돌아다녀서는 안 돼요. 몸을 따뜻하게 하고 체력을 아껴야 해요. '아래로 계속 내려가면 되겠지?'라는 생각은 정말 위험해요. 급한 비탈이나 낭떠러지를 만나서 더 큰 사고를 당할 수 있어요. 얼른 내려가야 한다는 초조함에 움직이지 말고 차분하게 기다리세요.

움직이지 않는다.
OK

계속 아래로 내려간다.
NO

 안전 상식

구조를 기다리는 동안, 체온이 떨어지지 않게 유지하는 것도 중요해요. 비가 내리면 나무 아래나 바위 그늘로 들어가요. 동행이 있다면 몸을 가까이 붙여 앉습니다. 서로를 따뜻하게 해 줄 수 있으니까요.

## 두 팔을 들고 좌우로 흔든다

곰과 마주쳤다면 걸음아 날 살려라 도망치고 싶겠죠? 그런데 곰은 빨리 움직이는 물체에 반응해서 쫓아와요. 덩치가 커서 달리기가 느릴 것 같지만 엄청 빨라요. 자동차 속도와 비슷할 정도랍니다. 곰에게서 도망치기는 어려우니, 최대한 몸이 커 보이게 두 팔을 번쩍 드세요. 그리고 좌우로 천천히 흔들어요. 또 차분한 목소리로 말을 걸어 인간이란 걸 알려 주세요. 곰이 달려들지 않고 가만히 있다면, 뒷걸음질로 살금살금 멀어집니다. 제법 먼 거리에서 곰을 보았다면, 일단 아무 소리도 내지 말아요. 그다음 살그머니 그 자리를 벗어나세요.

이따금 사람이 사는 마을로 내려오는 곰이 있어요. 동물원을 탈출해 시가지로 나오는 곰도 있고요. 이런 곰들은 대체로 불안한 상태라 사람을 공격하기도 해요. 곰이 공격하면 두 손을 깍지 낀 채 목 뒤로 넘기고 납작 엎드리세요.

## 무조건 꼼짝 말고 있는다

 벌은 가만히 있으면 알아서 떠납니다. 손을 휘저어 쫓으면 오히려 공격당할 수 있어요. 벌집이 보이면 절대 접근 금지! 일벌의 애벌레가 어른벌레로 자라는 여름부터 가을은 특히 위험해요. 벌의 천적들이 많이 돌아다니는 시기라 일벌들이 몹시 예민해지거든요. 또 벌은 까만 물체를 공격하는 습성이 있으니, 밝은 옷과 밝은 모자가 안전해요. 실수로 벌집을 건드렸다면 얼른 머리를 감싸고 20m 이상 젖 먹던 힘으로 달아나세요. 바닥에 엎드리면 벌떼가 달려들지 몰라요. 벌은 적이 벌집 주변에서 멀어지면 더 이상 쫓아오지 않는답니다.

벌집에서 적어도 20~30m 이상 멀어진다.

벌에 쏘이면 가능한 한 빨리 벌침을 없애야 해요. 벌침의 독소가 몸에 퍼질 수 있거든요. 신용카드, 버터칼 등으로 쏘인 곳을 살살 긁으면 벌침이 쏙 빠져요. 만약 벌침이 남아 있으면 핀셋으로 뽑고, 상처를 꾹꾹 짜면서 흐르는 물로 씻습니다.

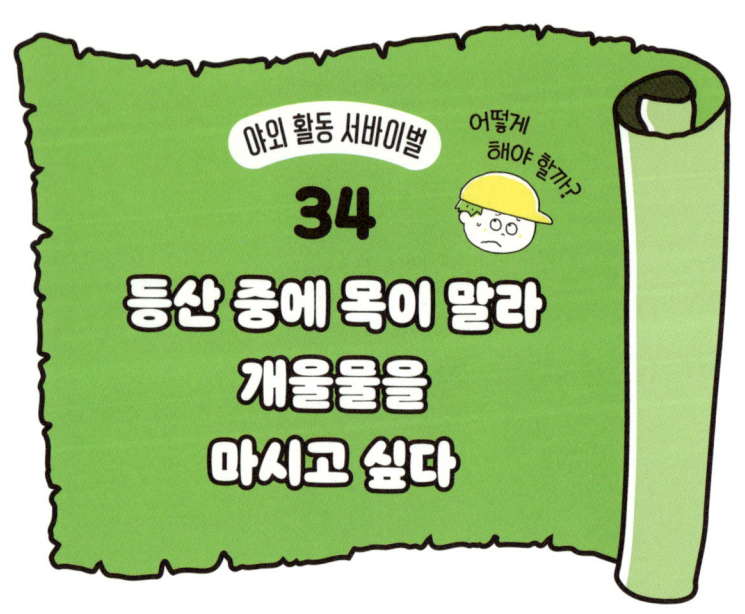

## 안전한지 확인할 수 없으면 절대 마시면 안 된다

등산길에 목이 마르면 참기 어려워요. 이때 맑은 개울이나 샘물을 발견하면 마시고 싶어지죠. 하지만 잠깐! 주변에 '음용 가능(마셔도 괜찮습니다)'이라고 적힌 표지판이 없다면 절대 마시면 안 돼요. 맑고 투명해 보여도 병을 일으키는 세균이 살고 있을 가능성이 있거든요. 또 야생동물의 배설물로 물이 오염되었을 수도 있습니다. 만약 배설물에 기생충이나 기생충의 알이 들어 있다면, 물을 마셨다가 기생충에 감염될 위험이 있어요. 기생충은 우리 건강을 위협하기 때문에 조심해야 합니다.

★ 물이 투명해질 때까지 몇 번 반복해서 여과합니다.

## 안전 상식

개울물이나 샘물도 마실 수 있어요. 이물질을 제거하는 작업인 '여과'를 거친 다음 10분쯤 끓이면 가능합니다. 다만 농약, 생활폐수, 공장폐수 등이 흘러든 물은 아무리 여과하고 끓여도 마시면 안 됩니다.

### 헬멧, 고글, 방진 마스크를 쓰고 대피한다

 우리나라의 화산은 백두산, 한라산, 울릉도의 성인봉 정도예요. 모두 오랫동안 분화하지 않은 휴화산인데, 백두산과 울릉도의 화산은 머지않아 분화할 가능성도 있답니다. 화산이 111개나 있는 일본, 아이슬란드, 미국 하와이 등에 비하면 우리나라는 화산재해로부터 안전해요. 그래도 언제든 화산재해가 닥칠 수 있으니, 대비를 해 두면 좋겠죠? 화산이 분화하면, 헬멧, 고글, 방진 마스크(없을 경우 수건)를 쓰고 대피소로 피하세요. 대피소를 모르면 분화한 곳에서 최대한 멀리 벗어납니다. 분화가 가라앉으면 얼른 산을 내려오세요.

화산이 분화하면 기상청에서는 '화산정보', '화산재주의보', '화산재경보'를 발표해요. 해외의 화산이 분화해도 똑같이 발표하는데, 우리 국민의 피해를 막기 위해서랍니다. 여기서 화산재란 분화할 때 나오는 작은 알갱이인데, 바람을 타고 멀리 날아가요.

## 비옷을 입고 안개가 걷힐 때까지 기다린다

산은 날씨가 금방금방 변해요. 바람이 산에 부딪히면 비탈을 따라 공기가 상승하는데, 이때 구름이 생기기 때문이죠. 그래서 아침에는 날씨가 맑아도 오후부터 흐려지거나 비가 내리는 일도 드물지 않아요. 또 안개도 자주 발생합니다. 하얗고 아른아른한 안개의 정체는 작은 물방울이에요. 안개 속에 있으면 옷이 젖으니까 얼른 비옷을 입는 게 좋습니다. 옷이 젖으면 체온이 떨어져서 체력을 잃을 수 있거든요. 눈앞의 길이 뿌옇게 보일 만큼 안개가 짙게 끼면, 억지로 걷지 말고 멈추세요. 옅어지기를 기다렸다가 다시 산을 오릅니다.

 안전 상식

하늘을 보고 날씨를 예측하는 것을 옛말로 '관천망기'라고 해요. "달무리가 지면 비가 온다", "아침 안개가 끼면 날이 맑다" 같은 말은 모두 관천망기에서 나온 거예요. 과학이 발달하기 전 날씨를 맞히고 싶었던 옛사람들의 지혜인데, 실제로 맞는 게 많답니다.

## 모자, 구명조끼, 미끄럽지 않은 샌들이 좋다

　모자는 열사병을 막아 줍니다. 예쁜 것도 중요하지만 반드시 턱 아래에 끈이 달린 모자를 고르세요. 물에 떨어져 흘러가지 않게요. 수영 안 하고 얕은 물에서 놀 계획이라도 구명조끼는 필수입니다. 어린이는 물 깊이가 10cm 정도만 되어도 빠질 가능성이 있거든요. 또 구명조끼는 키와 몸무게에 맞아야 합니다. 신발은 발꿈치를 단단하게 고정하는 샌들이나 아쿠아슈즈가 좋아요. 비치샌들은 잘 미끄러지고 벗겨지기 쉬워서 다칠 수 있답니다. 샌들과 아쿠아슈즈도 밑창이 닳았다면 미끄러질 수 있으니 꼭 확인하세요.

## • 강에서 물놀이를 할 때 조심해야 하는 곳 •

**강 합류 지점**
물의 흐름이 복잡하다.

**모래톱**
물이 불어나면 잠긴다.

**강에서 놀 때 좋은 옷차림**
- 모자 (끈 달린 것)
- 구명조끼
- 샌들이나 아쿠아슈즈

**강물 색이 짙은 곳**
물의 흐름이 빨라져서 수심이 깊다.

**둑 근처**
물살이 세진다.

### 안전 상식

강에서는 물이 불어나면 잠기는 모래톱, 강물이 합류하는 지점, 강물 흐름을 늦추려고 만든 둑 근처, 강물 색이 짙어지는 곳 등을 피하세요. 어른의 무릎 아래만큼 오는 얕은 물에서만 놀아요.

## 당장 강에서 나와 높은 곳으로 피한다

강 상류에 집중 호우가 내리면 10~20분 뒤에는 하류의 물이 불어난다고 해요. 그 신호가 바로 물이 탁해지는 것입니다. 물결에 토사(흙과 모래)가 떠내려 오기 때문이죠. 비가 안 오는데 갑자기 강물이 탁해지면 얼른 강에서 나오세요. 가능한 한 높은 곳으로 피하는 게 안전합니다. 반대로 갑자기 강물의 양이 줄어들 때도 곧바로 강에서 나와야 해요. 강 상류의 토사에 물줄기가 막힐 경우 잠깐 하류의 물이 줄어들 수 있어요. 만약 고여 있던 물이 토사를 무너뜨리며 우르르 쏟아져 내려오면 몹시 위험합니다.

### 안전 상식

상류에 댐이 있는 강 하류에서 놀 때, 사이렌 소리가 나면 귀를 기울이세요. 댐에 고인 물을 방류하기 전 울리는 사이렌일 수 있으니까요. 보통 안내 방송도 같이 하지만 사이렌 소리가 나면 일단 강에서 나오는 게 안전합니다.

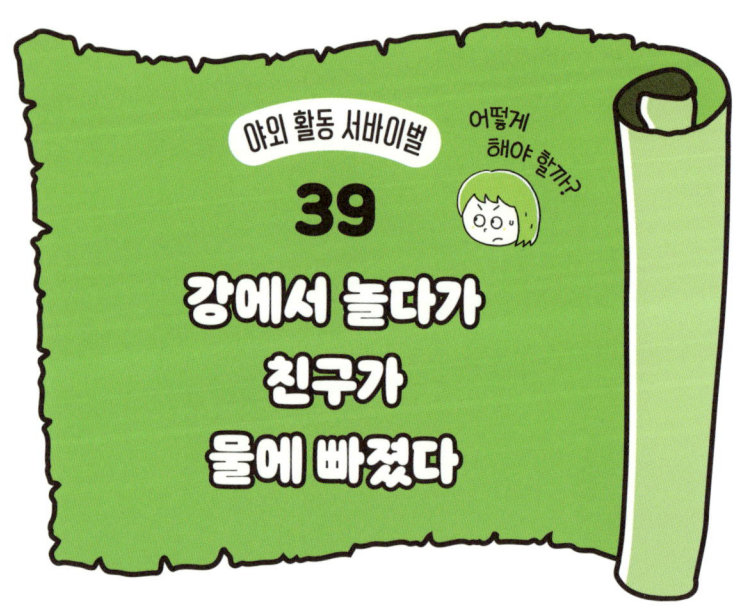

## 물에 뜨는 물건을 던져 준다

 친구가 물에 빠졌는데 구명조끼나 튜브가 없다면 막막할 거예요. 이럴 때는 뚜껑을 잠근 빈 페트병, 아이스박스, 질소로 채운 과자봉지, 돗자리 등을 구명 도구로 사용할 수 있어요. 수영에 자신이 있어도 직접 물에 들어가는 건 위험해요. 구명 도구를 친구에게 던져 주고 큰 소리로 주변에 알리세요. 119에 신고해 도움을 구하고요. 물에 빠진 사람은 겁을 집어먹고 허둥거리기 쉽습니다. "그걸 잡으면 물에 뜰 수 있어!", "하늘 보고 누워!" 하면서 조금이라도 진정시키기 위해 자꾸 말을 걸어야 해요.

페트병 안에 물을 조금 담으면 멀리 던질 수 있어요. 받은 사람은 페트병을 가슴에 안은 채 하늘을 보고 누우면 물에 잘 뜰 수 있습니다. 물놀이 중에 연습을 해 보면 진짜 위기에 빠졌을 때 도움이 됩니다.

## 헤엄치지 말고 하늘 보고 눕는다

해안으로 밀려든 파도가 먼바다로 돌아갈 때 생기는 강한 흐름을 '이안류'라고 해요. 이안류를 거스르며 헤엄치는 일은 수영의 달인이라도 어렵습니다. 돌아가는 파도에 끌려갔다가 해안으로 돌아오기 힘들면 이안류에 휩쓸린 것일 수 있어요. 이때 억지로 헤엄쳐 나오려고 하면 지쳐서 탈진할 수 있습니다. 물에 둥둥 뜬 채 도움을 기다리세요. 튜브도 없고 구명조끼도 안 입었다면, 하늘을 보고 대자로 누우세요. 몸에 힘을 빼고, 손바닥을 수면보다 아래로 내립니다. 턱을 들어 숨을 크게 들이쉬면 폐에 공기가 고여 자연스레 몸이 뜹니다.

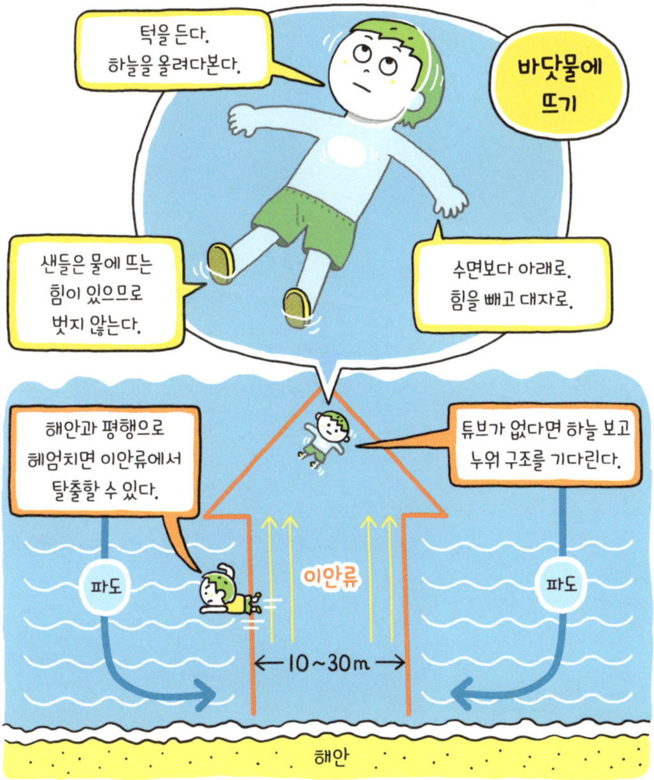

이안류의 폭은 10~30m 정도예요. 해안에서 평행으로 헤엄치는 게 똑똑한 탈출법입니다. 하지만 수영에 서투르다면 물에 떠 있는 게 더 안전해요. 무엇보다 바다에 들어갈 때 튜브나 구명조끼를 꼭 챙기세요.

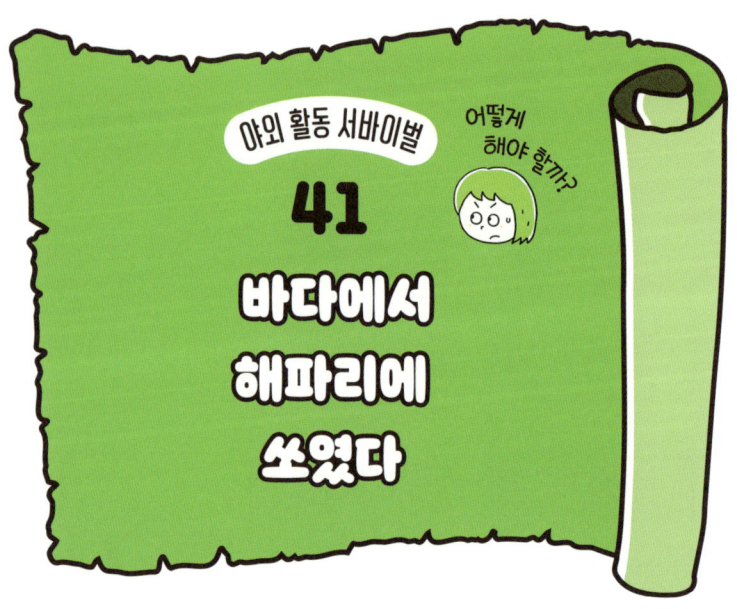

## 얼른 바다에서 나와 바닷물로 상처를 씻는다

 해파리 중에는 독침이 달린 촉수로 인간을 쏘는 해파리가 있어요. 하지만 여러분이 독이 있는 해파리를 구별하기는 어려워요. 해파리가 느긋하게 헤엄치는 모습에 안심하지 말고 눈에 띄면 얼른 바다에서 나오세요. 쏘이면 어마어마하게 아파요! 물론 해파리에 쏘였을 때도 당장 바다에서 나와야 해요. 그다음엔 바닷물로 상처를 살살 씻습니다. 촉수가 남아 있다면 핀셋으로 쏙 뽑아내요. 응급 처치를 마치면 상처를 따뜻하게 해 주며 병원에 갑니다. 바다에 있는 해파리는 물론이고 모래사장에 올라온 해파리도 만지면 안 됩니다.

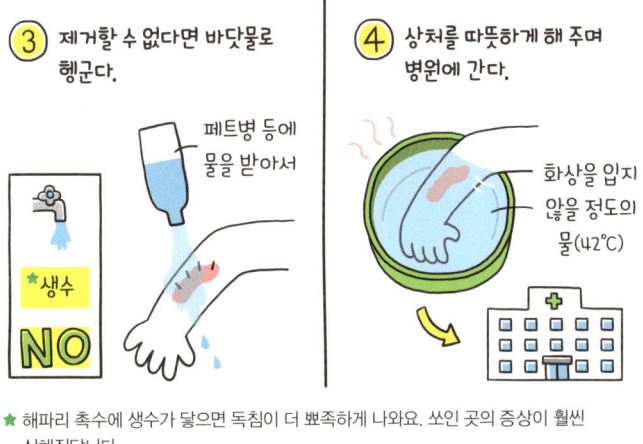

★ 해파리 촉수에 생수가 닿으면 독침이 더 뾰족하게 나와요. 쏘인 곳의 증상이 훨씬 심해진답니다.

투명하고 파란 비닐봉지 같은 작은부레관해파리도 맹독이 있는 해파리예요. 죽은 뒤에도 독이 남아 있으므로 모래사장에서 봐도 절대 건드리면 안 돼요.

## 새우등 뜨기 자세로 다리 근육을 천천히 편다

다리에 쥐가 나면 몹시 아프고 다리를 움직이기도 힘들어요. 근육은 늘어나거나 줄어드는 성질이 있어요. '쥐'는 근육이 갑자기 줄어들어 뜻대로 움직이지 못하게 되는 현상이에요. 다리에 쥐가 났을 때는 다리를 쭉 펴고 앉아서 발끝을 몸 쪽으로 천천히 당깁니다. 줄어든 근육을 늘여 주는 동작이죠. 물속에서 쥐가 나면, 허둥대지 말고 새우등 뜨기 자세를 하세요. 먼저 숨을 크게 들이쉬고 얼굴을 물속에 담가요. 그다음 몸을 둥글게 말면 돼요. 이 자세에서 발끝을 몸 쪽으로 당겨 줍니다. 통증이 가라앉으면 물에서 나와 쉬는 게 좋아요.

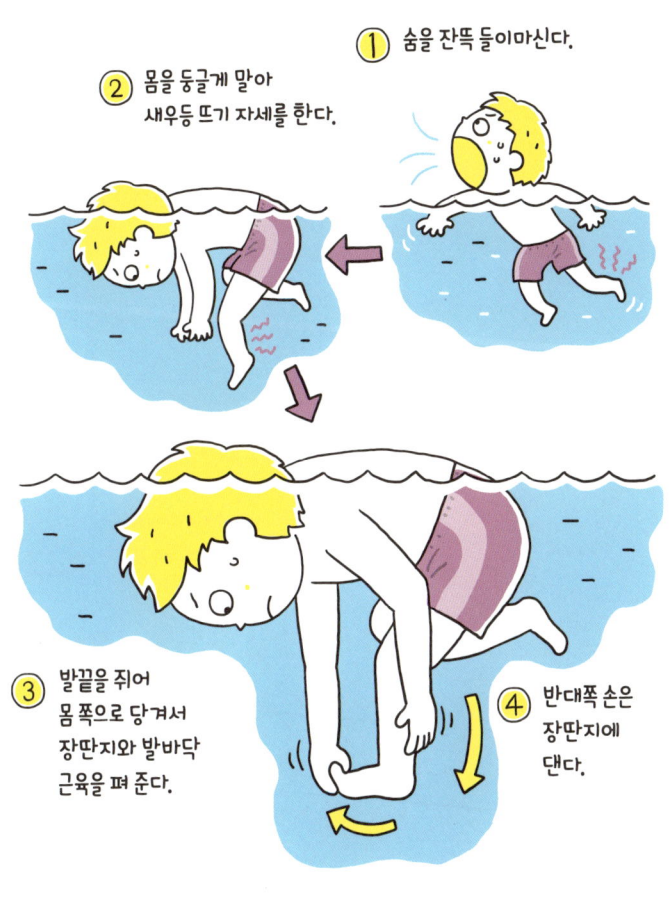

> ① 숨을 잔뜩 들이마신다.
>
> ② 몸을 둥글게 말아 새우등 뜨기 자세를 한다.
>
> ③ 발끝을 쥐어 몸 쪽으로 당겨서 장딴지와 발바닥 근육을 펴 준다.
>
> ④ 반대쪽 손은 장딴지에 댄다.

### 안전 상식

수영하기 전에 준비 운동을 꼼꼼히 하면 쥐가 나는 걸 막을 수 있어요. 물놀이할 때는 꼭 틈틈이 쉬어야 해요. 몸 안에 수분이 부족하거나 몸이 차가울 때도 쥐가 잘 나거든요.

## 생수로 깨끗하게 씻고 손수건으로 상처를 누른다

썰물 때 드러난 개펄에서는 게, 조개, 갯지렁이 같은 바다생물을 만날 수 있어요. 바다생물을 관찰하는 놀이는 시간도 잊을 만큼 재미있죠. 그런데 뾰족한 바위에 다칠 수도 있어요. 맨발은 위험하니 아쿠아슈즈를 신고 안전하게 놀아요. 아쿠아슈즈는 밑창이 두툼한 것이 좋습니다. 바위에 피부가 긁히면 피가 날 수 있어요. 이때 수돗물로 상처 부위의 모래나 먼지를 씻어 냅니다. 수돗물이 없다면 생수로 대신하세요. 상처를 씻어 낸 다음 깨끗한 손수건이나 수건을 대고 꾹 누릅니다. 10분쯤 지나도 피가 멈추지 않으면 병원에 가세요.

 안전 상식

개펄에서 안전하게 놀고 싶다면 밑창이 두꺼운 아쿠아슈즈는 기본이에요. 열사병 예방을 위해 끈 달린 모자도 챙기세요. 장갑도 꼭 끼고, 소매가 긴 셔츠(혹은 래시가드)를 입습니다.

### 더 알아보기 ③
# 비상용 물품으로 무엇을 챙길까?

비상용 물품은 1박 2일 여행 물품과 비슷해요. 집을 떠나 지낼 때 필요한 물품을 떠올리면 빠뜨리지 않을 거예요. 갈아입을 옷, 칫솔 세트, 마스크, 수건, 비옷, 휴대용 라디오, 음료수, 식량, 손전등, 비닐봉지, 장갑, 현금 등이 있지요. 식량은 꼭 비상식량이 아니어도 괜찮아요. 자주 먹는 과자나 영양 균형이 잡힌 식품이면 됩니다. 책도 학습 서적이 아니어도 좋아요. 마음을 달랠 만화책이 딱입니다! 장갑은 방수 가공과 내절창(잘 잘리지 않는 성질) 가공이 된 것을 준비하세요. 가공이 안 된 목장갑은 다치기 쉽고 젖으면 불편해요.

# 지진
# 서바이벌

냄비를 두드려서 내 위치를 알리자.

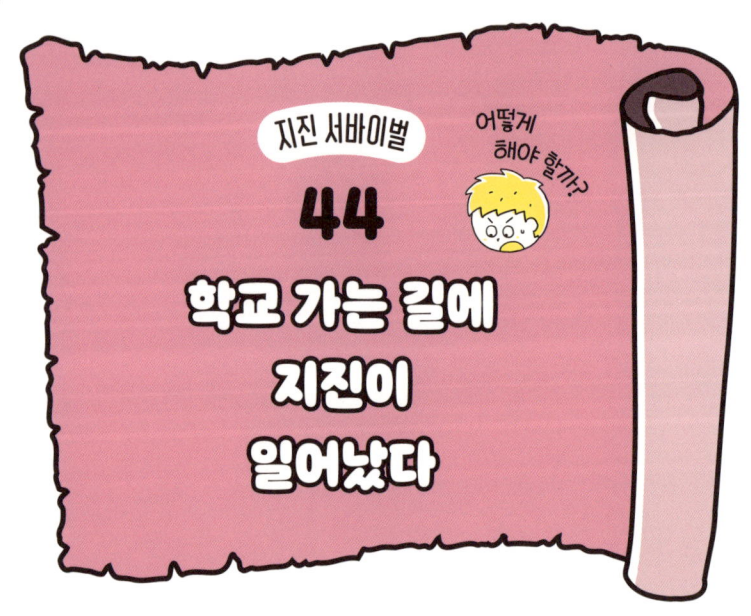

### '4가지 위험한 것'에서 멀리 떨어진다

학교 가는 길에 지진을 만나면 먼저 '4가지 위험한 것'에서 멀리 떨어져야 해요. ①떨어지는 것 ②쓰러지는 것 ③움직이는 것 ④깨지는 것. 등하굣길뿐만 아니라 자주 다니는 길에 위험한 것이 있는지 미리 알아 둡니다. 그러면 지진이 일어났을 때 바른 판단을 하는 데 큰 도움이 됩니다. 우선 4가지 위험한 것에서 멀리 떨어졌다가 흔들림이 가라앉으면 더 안전한 곳으로 대피하세요. 얼른 학교에 가거나, 집에 돌아가거나, 아니면 긴급대피장소에 갈 것! 만약 지진이 일어나면 어떻게 할지 평소 가족과 함께 이야기를 나누면 좋아요.

**떨어지니까** 위험하다. **쓰러지니까** 위험하다.

**움직이니까** 위험하다. **깨지니까** 위험하다.

안전 상식

전철이나 버스를 타고 있을 때 지진을 만날 수 있어요. 이럴 때는 손잡이나 봉을 꼭 붙잡으세요. 버스라면 운전사의, 전철이라면 기관사의 지시에 따릅니다. 허둥지둥 내리려고 하면 다치거나 사고가 생길 수 있어요.

## 욕조를 붙잡고 지진이 멈추기를 기다린다

 욕실은 미끄러지기 쉬운 곳이에요. 큰 지진이 났을 때 무리해서 나오려고 하면 넘어질 위험이 있어요. 욕실에서 나가 숨을 곳을 찾는 사이에 오히려 위험에 빠질 수도 있답니다. 그러니까 밖으로 도망치고 싶어도 꾹 참아요. 욕조 가장자리를 붙잡고 흔들림이 멈출 때까지 앉아서 기다리세요. 유리창이나 거울이 깨질지 모르니 대야나 욕조 덮개처럼 단단한 것으로 머리를 가리고요. 흔들림이 잦아들면 얼른 욕실에서 나오고, 여진을 대비해 식탁이나 책상 밑에 잠시 숨어 있습니다. 또 욕실 높은 곳의 물건은 낮은 곳으로 옮겨 두는 게 안전해요.

큰 지진 후에는 수돗물이 나오지 않는 '단수'가 생길 수 있어요. 욕조에 물을 받아 두었다면 마개를 뽑지 말고 그 물을 사용합니다.

### 얼른 높은 곳으로 피한다

해일은 바닷물이 크게 일어서 육지로 넘치는 재해예요. 지진이 났을 때 해일이 생길 수 있는데, 이를 지진 해일이라고 해요. 지진 해일은 빠르면 지진이 나고 겨우 몇 분 만에 해안에 다다라요. 바닷가에서 지진이 나면 지진 해일 안내 방송이 없더라도 무조건 높은 곳으로 대피합니다. 이때 해안선의 90도 방향으로 달려가세요. 가족과 흩어지더라도 대피가 먼저입니다. 도로가 막힐 수 있으므로 차로 이동하면 안 돼요. 땅과 바닷가의 높이 차이가 없다면 최대한 높은 건물로 올라갑니다. 지진 해일이 닥치면 '높이 가기'가 가장 중요해요.

## 안전 상식

우리나라는 지진 해일 위험이 있는 지역의 건물, 학교운동장, 공터 등을 '지진 해일 긴급대피장소'로 운영해요. 노란 표지판으로 안내하고 있습니다. 국민안전재난포털에서 지진 해일 긴급대피장소를 확인할 수 있어요.

## 지진 서바이벌 47
## 등산하는 길에 지진이 일어났다

### 낙석을 살핀 뒤 평평한 곳으로 이동한다

등산 중에 지진이 일어나면 돌이나 바위가 굴러떨어질 수 있어요. 이런 돌과 바위를 '낙석'이라고 해요. 지진이 일어나는 동안에는 낮은 자세로 낙석이 떨어지는지 산비탈을 주의 깊게 관찰합니다. 흔들림이 가라앉은 뒤에도 낙석이 생길 수 있으니 조심하며 평평한 곳으로 대피합니다. 또한 산에서 지진이 일어나면 산사태 같은 토사 재해도 일어나기 쉬워요. 따라서 산비탈 근처는 최대한 빨리 벗어나는 게 좋습니다. 토사 재해 위험 지역 표지가 있는 곳은 물론이고 등산길이 아닌 곳도 가면 안 돼요.

## 안전 상식

낙석이 떨어지면 아래쪽에 있는 사람에게 "낙석!" 혹은 "돌이요!" 하고 외치세요. 이렇게 다른 사람의 안전을 지키는 것이 등산 규칙입니다. 뒤따르는 사람이 보이지 않더라도 반드시 큰 소리로 외칩니다.

## 연기가 퍼지기 전에 건물 밖으로 탈출한다

화재경보기가 울리는 이유는 건물 안 어딘가에 불이 났기 때문이에요. 불이나 연기가 안 보인다고 여유를 부리면 안 돼요. 반대로 우왕좌왕해서도 곤란해요. 넘어지지 않게 조심하면서 빨리 건물 밖으로 탈출합니다. 어디로 나가야 할지 모를 때는 비상구 표지가 큰 도움이 됩니다. 자주 다니는 건물이면 평소 비상구 표지를 익혀 두세요. 처음 방문한 건물일 경우 먼저 비상구 표지를 눈여겨보는 게 좋습니다. 새까만 연기가 자욱하게 끼면, 손수건이나 수건으로 코와 입을 막아요. 유독가스를 마시지 않게 최대한 고개를 낮추고 출구로 갑니다.

비상구 한곳에 사람이 많이 몰리면 오히려 위험해요. 다른 비상구 표지가 있는지 주변을 둘러보세요. 고층 빌딩의 경우 비상구가 몇 개 있기도 합니다. 비상구가 하나뿐이라면 질서 있게 차례대로 빠져나가는 것이 훨씬 빠르고 안전합니다.

## 큰 소리를 내서 나의 위치를 알린다

　큰 지진 때문에 건물이 뒤틀리면 문이나 창문이 안 열리기도 합니다. 집 안에 갇혔다면 자신의 위치를 알려 도움을 요청해야 해요. 큰 소리로 계속 소리를 지르면 체력이 떨어질 수 있으니, 딱딱한 물건으로 문이나 벽을 쳐서 소리를 냅니다. 책가방에 호루라기를 달아 두었다면 요긴하게 쓸 수 있겠죠? 누군가 도움 신호를 알아차린 것 같으면, 그때 "도와주세요!" 하고 힘껏 외치세요. 가구처럼 무거운 물건에 깔려 몸을 움직이지 못할 경우에도 목소리보다는 물건으로 소리를 내는 것이 현명합니다.

• 위치를 알리는 방법 •

① 냄비나 벽을 두드린다.

② 호루라기를 분다.

③ 거울로 빛을 반사한다. 밤에는 손전등을 깜박인다.

④ 위치를 적은 쪽지를 창밖으로 떨어뜨린다.

○△× 아파트 303호. 지진으로 집에 갇혔으니, 도와주세요!

엘리베이터를 탔을 때 흔들림을 느끼면 지진일 수 있어요. 얼른 모든 층의 버튼을 누르고 가장 먼저 멈춘 층에 내립니다. 만약 갇혔다면, 비상 버튼을 누른 뒤 구조를 기다리세요.

## 대피할 때는 긴소매와 긴바지가 기본이다

 지진이 나서 대피소로 가는 도중에 어떤 위험이 닥칠지 몰라요. 대피하는 중에 또 땅이 크게 흔들릴 수도 있죠. 대피의 기본은 안전 두건이나 헬멧, 긴소매, 긴바지, 장갑, 운동화, 비상용 물품을 넣은 가방입니다. 여름이라 덥더라도 안전을 위해서 긴소매와 긴바지를 입으세요. 열사병이 걱정된다면 냉각 스카프나 넥쿨러가 도움이 됩니다. 대피할 때는 집의 안전에도 주의를 기울여야 해요. 전기 차단기를 내리고, 가스와 수도 밸브를 꼭 잠그세요. 문단속도 단단히 하고요.

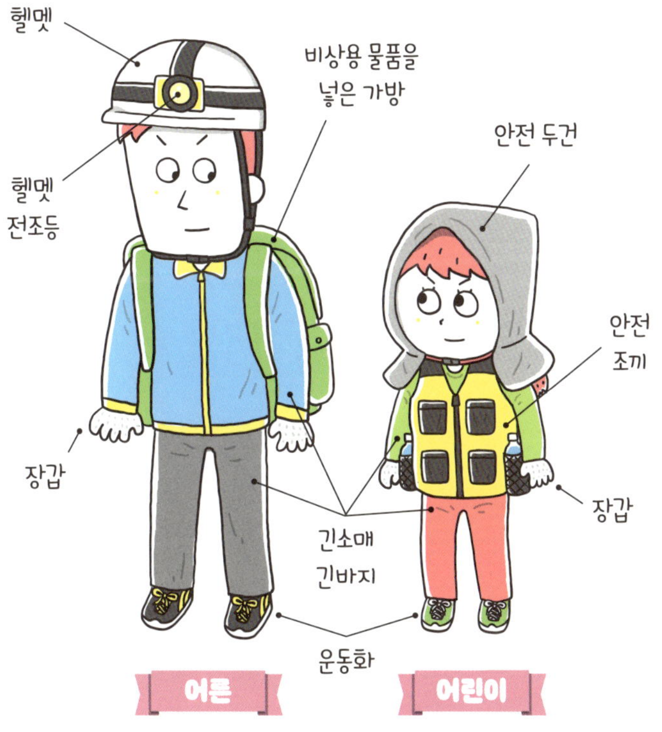

헬멧

비상용 물품을
넣은 가방

안전 두건

헬멧
전조등

안전
조끼

장갑

장갑

긴소매
긴바지

운동화

**어른**　　　**어린이**

주머니에 비상용 물품을 넣을 수 있는 안전 조끼를 입고 대피하는 것도 좋은 방법입니다. 안전 조끼는 움직이기 편하고 무겁지 않은 것이 장점이에요.

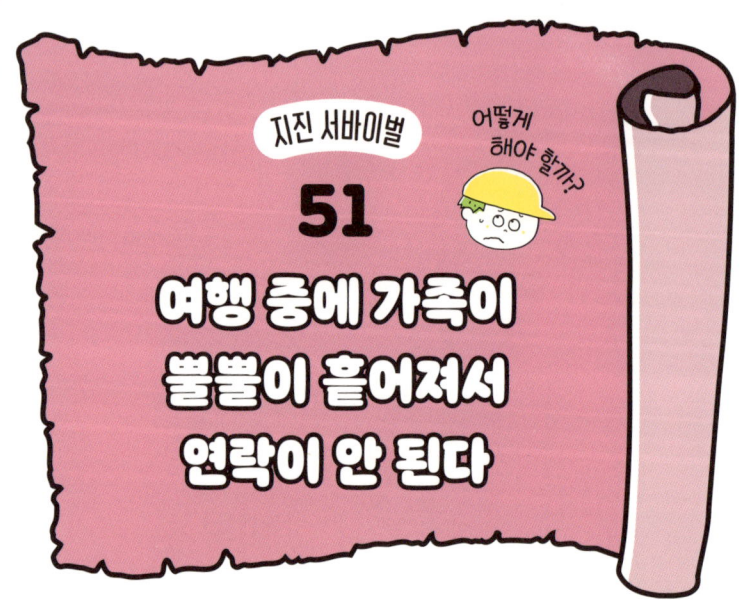

## 삼각 연락법을 활용한다

　여행 중에 지진 같은 재해로 가족이 뿔뿔이 흩어질 수 있어요. 이때 통신 장애로 가족끼리 통화가 안 될 수 있습니다. 이럴 때 삼각 연락법이 도움이 됩니다. 여행 전에 나, 가족, 여행에 동행하지 않는 제3자와 약속을 해 둡니다. 가족끼리 연락이 안 될 때 누구든 제3자에게 안부를 남기기로 말이죠. 한편 지진이 잦은 일본으로 가족 여행을 갈 경우 171(재해용 전언 번호)을 활용할 수 있어요. 171은 음성메시지를 남겨 가족에게 안부를 전할 수 있는 일본의 재난 서비스예요. 서비스 안내는 일본어로 나오지만, 음성메시지는 한국어로 남길 수 있어요.

## 171(재해용 전언 번호) 사용법

**음성메시지를 녹음할 때**
❶ 을 누른다
전화번호를 등록하고
음성메시지를 남긴다

**음성메시지를 들을 때**
❷ 를 누른다
상대방이 등록한 전화번호를
누르고 음성메시지를 듣는다

전화번호를 입력하고 서비스 안내에 따라 음성메시지를 녹음 또는 재생한다.

★ 중요! 171은 등록할 전화번호가 있어야 이용 가능해요. 일본의 학교, 공공기관, 상점 등에 들어가 그곳의 전화번호를 물어보고 이용합니다.

## 삼각 연락법

재해 지역에서 전화 통화가 안 된다

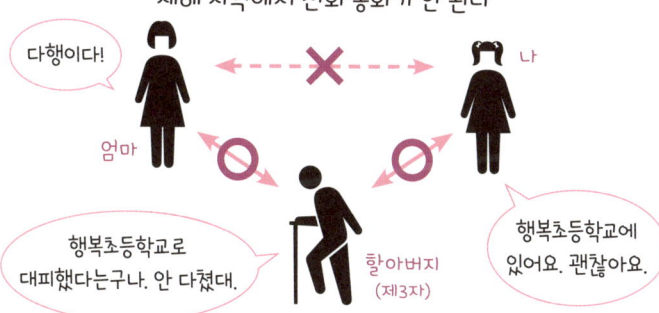

다행이다!
엄마
행복초등학교로 대피했다는구나. 안 다쳤대.
할아버지 (제3자)
나
행복초등학교에 있어요. 괜찮아요.

안전 상식

여행 전에 제3자와 삼각 연락법을 몇 번 연습해 두면 좋습니다. 제3자는 친척, 친구, 부모님의 지인 등 친밀한 관계라면 누구든 괜찮아요.

## 무리해서 지하철역 밖으로 나오지 않는다

타고 있던 지하철이 지진으로 멈춰 서면 열차에서는 내려야 합니다. 하지만 무리해서 지하철역 밖으로 나올 필요는 없어요. 땅속 지하철역은 엄청난 지진이 아니라면 비교적 안전하거든요. 또 사람들이 한꺼번에 역 밖으로 빠져나갈 때 사고를 당할 수 있으니 혼자 움직이지 말아요. 아이를 데리고 있는 어른에게 함께 있어 달라고 부탁하는 것이 좋습니다. 혼자 움직여야 할 경우, 안내 방송에 따라 침착하게 행동하세요. 지하철역 안내도에서 학교 건물이 어디 있는지 찾아봅니다. 어떤 학교든 어린이에게는 든든한 대피소가 될 수 있어요.

### 안전 상식

지하철역 근처 학교로 대피했다면 교문에서 학교 보안관을 찾으세요. 이름을 말하고 엄마나 아빠에게 연락해 달라고 부탁합니다. 엄마 아빠 모두 연락이 닿지 않는다면 다니는 학교에 전해 달라고 하세요.

### 3일 동안 마실 물을 비축한다

전기·가스·수도를 라이프라인이라고 해요. 우리말로 '생명선'이라 할 수 있죠. 지진이 일어나면 이 생명선이 끊길 수 있는데, 특히 수도가 문제예요. 물을 못 마시면 생명에 지장을 주니까요. 지진으로 단수가 될 우려가 있다면 최소 3일 치의 물을 가족 수에 맞게 비축하세요. 1일 치 물은 한 사람당 3L이며, 가능하다면 7일 치를 비축하는 게 좋습니다. 서울 지역이라면 갑자기 단수가 되어도 안심할 수 있어요. 서울의 수돗물인 '아리수' 병을 민방위대피소에서 무료로 구할 수 있거든요. 응급처치세트 같은 비상 용품도 포함해서요.

서울에서는 노숙인지원센터 주변에서 '아리수 무료 자판기'도 운영해요. 노숙인을 돕기 위해 만든 것이지만 누구나 이용할 수 있습니다. 단, 한 사람이 한 병씩만 마실 수 있어요.

## 비닐봉지와 신문지로 비상용 화장실을 만든다

 지진으로 인해 단수가 되면 변기 물을 내리지 못해서 난감합니다. 공공화장실을 쓰는 방법도 있지만 그곳도 재난 지역이라면 물이 안 나올 수 있어요. 물이 나온다 해도 집과 거리가 멀면 불편합니다. 또 자기 집 화장실이 아니면 불안해서 대변을 못 보는 사람도 있죠. 화장실 단수를 대비해서 비닐봉지, 신문지나 응고제 등 비상용 화장실 재료를 비축해 두면 좋습니다. 단독주택의 경우 배수관이 멀쩡하다면 욕조에 받은 물로 변기 물을 대신할 수 있습니다.

### • 비상용 화장실을 만드는 방법 •

① 변좌를 올리고 변기를 비닐봉지로 덮는다.

② 변좌를 내리고 비닐봉지를 한 장 더 씌운다.

③ ②의 비닐봉지에 응고제나 잘게 찢은 신문지를 넣는다.

④ 볼일을 보면 ②의 봉지를 묶어 뚜껑 달린 쓰레기통 등에 보관한다.
(버릴 때는 지방자치단체의 폐기물 배출 요령에 따라서!)

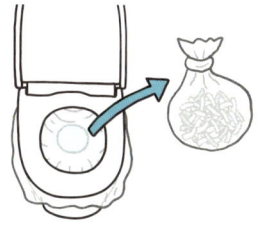

아파트나 빌라 같은 공동주택은 집집의 배수관이 하나의 큰 배수관으로 연결됩니다. 그 큰 배수관으로 건물 전체의 물이 흘러 나가죠. 따라서 지진이 일어났을 때 집집의 배수관은 물론 큰 배수관의 상태도 확인해야 해요. 확인 전까지 변기 사용은 중지!

## 마스크를 쓰고, 손을 자주 씻는다

　신형코로나바이러스감염증 이후 '사람에게서 사람으로 옮는' 전염병에 대한 두려움이 커졌어요. 전염병을 막는 방법은 역시 마스크와 손 씻기가 기본입니다. 대피소처럼 많은 사람이 모이는 장소일 경우 마스크와 손 씻기는 더욱 중요해요. 따라서 지진을 대비한 비상용 물품에 예비 마스크와 손소독제 등을 갖춰 두세요. 대피소에서 물이 안 나올 경우 손소독제가 요긴합니다. 대피소에서 지내는 동안 마스크는 코부터 턱까지 들뜨는 곳 없이 단단히 착용하세요. 빵이나 과자는 되도록 맨손으로 먹지 말고요.

마스크는 코부터 턱까지 들뜨는 곳이 없이 밀착시킨다.

손을 자주 씻거나 손소독제로 소독한다.

최대한 손을 대지 않고 먹는다.

대피소에 물이 끊겼다면 평소처럼 이를 닦기도 어려워요. 이럴 때는 액상형 구강 청결제가 도움이 됩니다. 비상용 물품 목록에 꼭 추가하세요!

## 가족이나 어른과 상담한다

　대피소 생활이 길어지면 짜증이 날 수 있습니다. 불편한 점도 많고, 뭐든 꾹꾹 참아야 하니까 당연하죠. 재해가 더 커져 집에 돌아가지 못하는 건 아닐까 불안해지기도 해요. 이래저래 마음이 힘들 수 있죠. 마음이 힘들면 가족에게 어떤 점이 힘든지, 어떻게 하고 싶은지 털어놓으세요. 진심으로 대화를 나누면 마음이 편안해질 수 있어요. 또 심리 전문가가 대피소에 오기도 합니다. 이때 부끄러워하지 말고 심리 전문가와 상담을 하는 게 좋습니다. 책, 인형 등 마음을 달랠 수 있는 것으로 틈틈이 기분 전환도 하세요.

가족이나 어른과 상담한다.

좋아하는 것으로 기분 전환

'내가 할 수 있는 일이 있을까?' 이렇게 마음먹고 행동에 나서는 것도 마음을 달래는 데 좋은 방법이에요. 대피소의 환경 정리, 몸이 불편한 사람 돕기 등 찾아보면 얼마든지 할 일이 있을 거예요.

# 재해 발생 때 '대피 3원칙'은 무엇일까?

'대피 3원칙'이란, 지진, 해일과 같은 자연재해에서 살아남기 위한 행동 요령으로 다음과 같습니다.

① 예상을 절대적으로 믿지 않는다.
② 최선을 다한다.
③ 솔선해서 대피한다.

'예상을 절대적으로 믿지 않는다'는 미리 제공된 여러 위험 지도의 정보를 너무 믿지는 말라는 뜻입니다. 그 정보는 어디까지나 '예상'이지 '확정'은 아니기에 참고만 합니다. 중요한 것은 실시간 정보입니다. '최선을 다한다'는 안전을 확보하기 위해 모든 노력을 다해야 한다는 뜻입니다. 급하게 대피한 곳은 금방 위험해질 수 있으니, 다음 안전 대책을 마련하기 위해 행동해야 합니다. '솔선해서 대피한다'는 '나는 괜찮을 거야!'라고 생각하지 말고 최대한 빨리 대피하라는 뜻입니다.

**그림 모리노 쿠지라**

1973년에 태어났고, 2003년부터 일러스트레이터로 활동하고 있다. 현재 일본 기후현에서 지내며 아동서와 그림책 작업을 하고 있다. 그동안 쓰고 그린 책으로는 《소리가 나는 시계 그림책, 지금 몇 시?》《소리가 나는 동물원 그림책》《어린이 법률 도감》《퀴즈로 배우는 인터넷 규칙》등이 있다.

**옮김 이소담**

동국대학교에서 철학 공부를 하다가 일본어의 매력에 빠졌다. 읽는 사람에게 행복을 주는 책을 우리말로 아름답게 옮기는 것이 꿈이자 목표다. 지은 책으로는 《그깟 '덕질'이 우리를 살게 할 거야》 등이 있고, 옮긴 책으로는 《십 년 가게》 시리즈를 비롯해 《나만 그런 게 아니었어》《모두 잠드는 나라》《마음을 맡기는 보관가게》《14살부터 시작하는 1일 1논어》 등이 있다.

**감수 구니자키 노부에**

일본의 위기 관리 교육연구소 대표. 누구나 흔히 겪을 수 있는 위기 상황부터 자연재해까지 나를 비롯한 가족들을 지키는 방법을 다방면으로 알려 주고 있다. 재해에서 재산을 지키는 방법, 재난 물품을 준비할 때 알아야 할 점, 재난 발생 시 대피소 운영에 이르기까지, 재난 피해자를 지원했던 경험을 살려 폭넓은 정보를 사람들에게 전달하고 있다.

아이들은 잘 모르고 어른들은 안심하는
# 신기한 안전 사전

1판 1쇄 인쇄 | 2024. 7. 30.
1판 1쇄 발행 | 2024. 8. 16.

서바이벌 방재 연구소 글 | 모리노 쿠지라 그림 | 이소담 옮김
구니자키 노부에(위기 관리 교육 연구소 대표) 감수

**발행처** 김영사 | **발행인** 박강휘
**편집** 김지아 | **디자인** 홍윤정 | **마케팅** 이철주 | **홍보** 조은우 육소연
**등록번호** 제 406-2003-036호 | **등록일자** 1979. 5. 17.
**주소** 경기도 파주시 문발로 197(우10881)
**전화** 마케팅부 031-955-3100 | 편집부 031-955-3113~20 | 팩스 031-955-3111

OTONA MO SHIRANAI? SURVIVAL BOSAI JITEN edited by Survival bosai kenkyukai
Copyright © 2023 Survival bosai kenkyukai
All rights reserved.
Original Japanese edition published by MICRO MAGAZINE, INC., Tokyo.
This Korean language edition is published by arrangement with MICRO MAGAZINE, INC.,
Tokyo in care of Tuttle-Mori Agency, Inc., Tokyo through AMO AGENCY, Korea.
이 책은 AMO 에이전시를 통한 저작권자와의 독점 계약으로 (주) 김영사에서 출간되었습니다.
저작권법에 의해 한국 내에서 보호를 받는 저작물이므로 무단 전재와 복제를 금합니다.

© 사진·클립아트 코리아

값은 표지에 있습니다.
ISBN 978-89-349-6754-5  73300

좋은 독자가 좋은 책을 만듭니다. 김영사는 독자 여러분의 의견에 항상 귀 기울이고 있습니다.
전자우편 book@gimmyoung.com | 홈페이지 www.gimmyoungjr.com

---

| **어린이제품 안전특별법에 의한 표시사항** | **제품명** 도서  **제조년월일** 2024년 8월 16일
**제조사명** 김영사  **주소** 10881 경기도 파주시 문발로 197 **전화번호** 031-955-3100  **제조국명** 대한민국
**사용 연령** 8세 이상  ⚠**주**의 책 모서리에 찍히거나 책장에 베이지 않게 조심하세요.